いま、死んでもいいように

執着を手放す36の智《ち》慧《え》

小 池 龍 之 介

幻冬舎文庫

いま、死んでもいいように

執着を手放す36の智慧《ちえ》

はじめに

質問です。もしもあなたが、いま、この場で突如、死ななければならなくなったとします。その、まさにいまこのとき、悔いなく軽やかに、死んでゆけるでしょうか。

たとえば突如、大地震に巻きこまれたとか、交通事故にあったとか、テロに巻きこまれて突発的に死が訪れたと想像してみてください。仮にそうしたことになってすらも、その死の一刹那において、悔いもなく恐れもなく、「我が人生、満ち足りたものであった!!　何の問題もなし」と微笑とともに、死を迎えられるようにと、私は日々、修練を積んでいます。

私たち一人一人が、いつ、どこで、どのように死を迎えるかは、私たちの業《カルマ》の定めによるところで、私たちの希望で決定できることではありません。いつ、どんなふうに訪れるかまったく未知の《死》がやってきたときに、嫌がったり悲しんだり不安になったり、はたまた「あれをやり残していたのに……」などと悔やんだり、といった具合に取り乱してしまうようでは、人生のエンディングがネガティブな感情とイメージで彩られることになってしまいます。私としましては、最期《さいご》は必ずや、軽やかで清々《すがすが》しい無念無想にて終えて旅立ちたい、と思っているのです。

そういった思いもありまして、もしたとえば寿命があと一カ月となったら、他のすべての活動を停止して、一カ月をただただ、寝ても覚めても坐禅瞑想《めいそう》や歩行禅に費やして、《いま・ここ・この瞬間》へと意識を専念させて過ごすに違いありません。

本文にも記しましたように、《いま・ここ・この瞬間》の感覚に意識がぴったりと一致するように修行を継続しておりますと、他に何もなくともこの身ひとつで、満ち足りた思いでいっぱいになります。

この身体感覚に、ぴったりと心が張りついて、その存在感の強度をありありと実感しているとき、「あれがまだ足りない」「これをこうしたい」「もっと素敵な自分でありたい」といったような、心の欠落感はまったく機能しなくなってしまうのです。

そう、こうした諸々の欲望は、「いまが幸福ではない、満ち足りていない」という根本的な欠乏感を発生源としております。仏教語で「渇愛《かつあい》」と呼ばれる渇望感は、心にぽっかり開いた、欠落感のブラックホールを満たそうとして、生まれてから死ぬまで、無数の欲望によって私たちを翻弄《ほんろう》するのです。

そして誰もが、何となく体験上知っているように、どんな欲を実現しても決して、ブラックホールの穴は埋まらない！

欲の追求から一歩退いて、《いま、ここ、目の前の瞬間》、と専念するようになってはじめて、心は活《い》き活《い》きと満ち足りて、心身ともにパワーが満ちあふれてまいります。

そうしたパワーが全身を賦活《ふかつ》してくれているとき、その他には一切何もなくても問題ないし、いま、この場でいきなり死ななくてはならなくなってもまったくOK、という気分になるものです。

そのような折り、私はよく冗談めかして、友人や坐禅教室の近しい生徒さんと過ごしている最中に、「ああ、もう余《よ》は満足じゃ。いま、死んでもOKですねぇ」などと申してみたりもします。するとしばしば、「物騒なことを言わないでください！」という反応を頂きがちなのですが、「いま、死ぬ」とか「いま、死にたい」なら物騒でしょうけれども、「死んでもOK」ということは「死なくてもOK」なのですから、実は物騒どころか、平和なことこのうえないのですよ。

満ち足りていて、渇愛が縫い閉じられているならば、死んでも死ななくても、どちらでも「良い！」なのです。

この「はじめに」を記し始める前の時間帯にも、私はお寺の本堂で自分の定めた手法による歩行禅に専念しておりました。足の動きに集中し、スムーズに意識がフォーカスして専念してくればくるほど、腹や腰あたりからエネルギーが上昇してゆくのが感じられ、それが頭頂部から外へ抜けてゆきます。

そうしてパワーがみなぎってゆくのを横目に、ひたすら足の移動に意識をフォーカスしておりますと、すべては意味を失って、ただ目の前にあるのはほんの一刹那の「足がここにある」というだけの、細切《こまぎ》れのリアリティのみ、になるのです。

そうしたリアリティの圧倒的存在感の中にあるとき、「生きたい」という生存欲求もなければ、「もういやだ」と消え入りたい欲求もない。ただ、生きて、ただやがて軽やかに死ぬだけのことなのです。そしてそれが、最高の安らぎなのです。

こうした意識状態はしばしば壊れてしまうものですから、注意深く保ち続けられるようにという心持ちもあり、日々何時間も修行を絶やさないようにしています。

ここまで記してまいりましたことから明らかなように、本書のタイトル『いま、死んでもいいように』は、決して暗い心持ちのものではなく、どこまでもスカーッと、軽やかな心持ちで、名付けたものであります。

繰り返しになりますが、なぜ、「いま、死んでもいい」のか？　それは《いま》という瞬間に専念していれば、完全に満ち足りて幸福であり、それゆえ何の思い残すところもないからなのです。

そう、何の思い残すところもない、青空。そんな清々しい思いを、味見だけでもしていただければと、本書を上梓《じょうし》した次第です。

本書では、各種仏典に残されたブッダの言葉を中心に、ときとして周辺領域の古典の言葉をもひもときながら、現代人をとりまく生・老・病・死の真実を抉《えぐ》りだすように努めました。読み進めてくださるにつれて、生存への執着が緩まり、老いることや病むことへの恐れから解放され、さらには《死》と和解する方向へと、皆様の心持ちが軽く平安になってくださいますように、と願います。

それでは、仏教心理学というメスを使って生老病死の解剖を始めてまいりましょう。

いま、死んでもいいように　目次

はじめに　5

第一章　〝生命力〟に執着しない　17

第二章 〝老〟〝病〟を嘆かない 99

第三章 〝死〟への恐れを超越する 151

第一章

〝生命力〟に執着しない

1　「やがて死ぬ」と意識すれば、食欲の支配から脱け出せる

この身体《からだ》はなんとも儚《はかな》く、もろく、
壊れやすくやがて病んで朽ち果てる。
すべての生命にとって共通の最後の行き先は
必ずこの肉体が朽ち果てるという末路。

『法句経《ダンマパダ》』

　現代人は、この肉体に快楽を与えるべく、とかく食べ物を生きるのに必要な量を超えて、たくさん食べます。どうしてそんなに食べるのかというと、食欲はもともと、生命維持の生存本能と、密接に結びついているからだとは、容易に想像がつくことでしょう。「生きのびるために、食べなさい」という命令が繰り返し発令されるように、私たちの心は仕組まれているのです。そのためのシステムとして、私たちの舌に備わっている味覚の受容体《レセプター》に〈カロリー源〉を示唆する物質が触れると、脳内に強烈な快感が生じるようになっています。脂肪分、たんぱく質、そしてとりわけ糖分が触れると快楽物質ドーパミンが分泌され、その快感をもっと繰り返したくなるのです。

　これらの味覚情報を重視するように神経が形作られているのは、かつての人類は食物が乏しく、飢えながらカロリー源を求めてさまよっている時間が、極めて長い時間続いていたからだと言われます。

　それは原始時代、ただ人類が生きのびることだけでも精一杯だったころは、合理的な仕組みだったかもしれません。

　しかしながら現代日本のように、ちょっとしたお金さえ払えばあらゆる食物がすぐに手に入る社会状況になると、事態は異なります。「生きのびろ！」という命令は基本的に、快感をたくさん入力しようとする形で発動しますから、いきおい、限度を超えてしまうまで、快感を反復しようとしてしまいがちなもの。

すぐに食物が手に入るがゆえに、一日三食をお腹《なか》いっぱいになるまで食したうえで甘いお菓子の間食を、二度も三度もとって……と〝お腹が空《す》く〟こともないままに、食べる。そして、より快感の大きなものによって好みが形成されるため、経済的に豊かな国々ではほぼ例外なく、高脂質、高たんぱく質、高糖質のものばかりが食文化の中心となりがちなように思われます。

その結果は一目瞭然で、人々は肥満し、動脈が硬化し、肌は荒れ、各種の生活習慣病に悩む人口が激増してきたのでした。つまり生存本能に駆られて食べていたはずなのに、かえって生存を脅かしている、という皮肉な結果にほかなりません。

それを加速させている大きな要因は、脂質と糖質の純粋化です。それらは本来なら他の物質と結合していて、たとえばブドウ糖を得るためには、でんぷんがアミラーゼによって分解されるという消化のプロセスが必要です。そして感じられる穏やかな〝甘み〟に対して、糖質のみに純化された砂糖はより強い快感を与えます。〝甘さそのもの〟とでも言うべき砂糖により、直接受容体《レセプター》を刺激することを発明してしまったことで、分解するというプロセスを省略して、欲望をダイレクトに刺激できるようにしてしまったのです。

こうして食物から抽出され純粋化された油や糖分を組み合わせると、いくらでも直接的に舌を刺激して、強烈な快感を反復できてしまうというのがポイントです。ダイエットして食事の量を減らそうとしても、「生きのびるために楽しめ！」という命令にはなかなか逆らえないものです。

この命令の強力さは、いかに私たちが無意識に「死にたくない」という衝動を強く刷りこまれているかを物語っているといえましょう。食べすぎて醜い姿となり、身体のパーツにダメージを与えてまで生存本能に支配されたところで、私たちヒトはどっちにしても、絶対、確実に、やがて死ぬのだから無意味なのです。

この「やがて死ぬ」ということを意識すると「死にたくない」「食べたい」という命令は弱まります。思うに昔の人々は、年を重ねて老いるほど、自然に欲望は弱まって、だからこそ若い人々の目には美しく見え、尊敬されていたのではないでしょうか。

ところが昨今は、老人になってもひたすら欲望を追うことが良しとされ、そんな老人は醜いだけで、尊敬にも値しなくなってしまった。

私たちが美しく老いていくための鍵は、「自分は死ぬ」という死の先取り意識により生存本能を弱めてやることではないでしょうか。その鍵、〈死〉について、この本では仏典を中心とした過去のテクストを出汁《だし》にしながら考えてまいりましょう。

2 「もう何も欲しくない」という思いこそが、最高の幸福

巨大な満足感を感じ取る者は、
ちっぽけな快楽には
とらわれないであろう。

『法句経《ダンマパダ》』

修行に打ちこんでいて心身ともに充実しきっているときは、「幸せすぎて、いま、このまま死んでもいいいな」「人生に、一点の悔いもなし」と思えることが、しばしばあります。

何にも急《せ》かされずに、じっくりおにぎりを、ひと口に百回くらい嚙《か》みしめて味わっている最中であるとか。あるいは、お寺の裏山にある草原で仰《あおむ》向けに寝転がって、青い空を目の前にそっとまぶたを閉じてゆく、安らかな瞬間であるとか。そしてまた、瞑想に専心していて、心が静けさに包まれてゆく途上であるとか、などなど。

そういったふうに心が満ち足りているとき、筆者は、「いまならこのまま死んでもいい」と思う傾向があります。念のために申しておきますと「死にたい」ではなく、「死ぬなら死ぬでも大丈夫」ということです。

さて、それらの体験に共通しているのは、もうこれ以上には何かを欲望する必要のない、満足感。このうえなく満ち足りて、幸福な気分になっているがゆえに、「これ以上は何ひとつなくてもいい」すなわち「死んでもＯＫ」という心地になるのではないでしょうか。

あいにく、その幸福感もまた諸行無常《しょぎょうむじょう》にして脆《もろ》いもので、そのうち心を慌ただしくさせているうちに消えていってしまうものです。そうして心の満足度が落ちれば落ちるほど、私たちはさまざまな欲求のとりことなります。

誰それにもっと好かれたい。もっと評価をされたい。もっと素敵な仕事がしたい。もっと良い家に住みたい。

そしてこれらの欲求を満たしても、瞬間的に「やったぞ！」といった風情の快感刺激は走るものの、「もう何もなくても満足」といった幸福感は、決してやってこないものです。それどころか、瞬間的な快感のさざ波が去っていった後に口さみしくなり、イライラと不満になり、さらなる欲求がわいてくる。それがひたすら連続してゆくのが、私たち現代人の平均的な姿でありましょう。

問題は、それではいざ老いを重ねて死に臨まねばならなくなったとき、このような人生を送った者が〈死〉を受け入れられるのか、ということです。いざ身体が病魔に蝕《むしば》まれてきたときも、いままで通り心が、不満足にイライラしつつ、「あれが欲しい」「もっとこうして欲しい」と求め続けているならば。

それらの欲求は、「まだまだあれもしたい、これもしたい」「そのためにはいつまでも生きてなきゃいけない」と叫びますので、つまりは〈死〉は怖い、絶対嫌だ、という刷りこみを心に与えているようなもの、とも申せましょう。

ひたすら欲求の追求ばかりが推奨されるいまの世の中では、筆者の見るところ「老いてなお盛んでなくてはならない」という強迫観念が共有されているように思われます。ですから五十代の（昔なら）おばあさんが、美魔女などと言われて恋愛する姿が肯定的に語られたり、老いた男性は精力の衰えを非常に恥じて、「男のプライドを取り戻して奥様を喜ばせましょう」などとうたわれる、怪しげな強壮剤を買ったりもしてしまうのです。

これらは現象面では一見多様に見えても、結局すべて「老いたくない」「死にたくない」「満足したくない」という、叫び声なのではないでしょうか。その叫びを心に刷りこめば刷りこむほど、実際に自らの死に直面するとき、「死にたくない、悲しい、つらい……」という苦しみに見舞われます。

かくして、欲望漬けにされた人生は前半戦がどんなに愉快でも、終盤は必然的に惨めであわれなものになることが、約束されていると申せましょう。いざ死が近づいてきたとき、「もう充分だ。だって人生で何度も充足感をじっくり味わってきたのだから。やり残したことは何もない」と微笑《ほほえ》めることこそ、人生ゲームのハッピーエンドなのですけれども。ハッピーエンドを迎えて未練を残さず旅立てるための秘訣《ひけつ》は、ささやかな幸福をじっくり噛みしめてその中に留《とど》まったときの「もう満足だ」「いま死んでもかまわない」を、ようく味わっておくことかもしれません。次の欲望へと急がせる市場の誘惑に抗して。

3　人生は出生の瞬間から苦しみに貫かれている

これは苦の聖なる真実である。
生も苦。老も苦。病も苦。死も苦。
心配・悲泣・身体の苦痛・憂い・苦悩も苦である。
嫌いなものと接するのも苦。
好きなものに接せられないのも苦。
この心がないものねだりをするのも苦。
要するにこの心と体は苦である。

「初転法輪経《しょてんぽうりんきょう》」

この文はブッダが、五人の弟子たちに説いたとされる「初転法輪経」の一部で、一般に四苦八苦と称されるものです。

私たちの人生は細部を仔細《しさい》に観察してみると、徹頭徹尾、苦しみに貫かれている。このことは仏教が、宗派は違っても仏教である以上は共通して持っている存在論です。

それは実践的には次のような意味あいを持つことになります。私たちは「Aを実現すればハッピーになる」と信じるがゆえにAに必死になりますよね。ところが、「Aを実現しても実はハッピーになるのは錯覚にすぎず、苦しみからは逃れられない」と思うなら、どうしてもAをしなければならないという力みは、抜け落ちるでしょう。

「人生はどの道、徹頭徹尾苦しみに満ちている」とわかっていれば、必死に他人と争う理由も、自己主張するモティベーションも、ずいぶん薄まるのです。かくして皮肉にも、「苦しみしかない」という発想ゆえに、心はずいぶんリラックスして、楽になります。こうして心を洗ってくれる側面があるがゆえ、苦が「聖なる」と形容されてもいるのでしょう。

さて、ブッダにより列挙される苦はまず、生から始まります。これは、「この世に生まれるのが苦しみ」という意味です。一般に出生は人々から祝福されるものであるだけに、これは納得のゆかない方々も多いようですけれども、周りの人々にとっては嬉《うれ》しくても、生まれる本人にとっては激烈な苦しみなのだということを、考察してみましょう。

なぜなら、胎児の状態で母体の羊水の中に浸《つ》かっていれば何ひとつしなくても自動的に栄養が供給され続けて守られている、安楽な状態から、突如として狭い産道をグイグイ押し出されて、外界に放り出されるのですから。

それまではプカプカフワフワと羊水の中で漂っていた安らかさは破壊され、不安の中に叩《たた》きこまれるのです。そのうえ、赤ん坊の感覚は敏感すぎて、ちょっとした乱暴な音にビクッとしますし、生まれて初めて見た光にも、まぶしすぎると苦痛を感じているはずです。私たち大人ですら、いったん暗いところに慣れると光に対して「まぶしい」と苦痛を感じるのですから。

成長する中で人は、鋭敏な感覚を鈍らせ、脳が現実のショックを緩和すべく情報量を省略するようになるのです。それは人間の生活に良し悪《あ》しでありまして、もともとは苦しくてショックのあるはずのものを、感覚が鈍れば鈍るほど、面白いとか楽しいとか美味《おい》しいと感じるようになってしまいます。乱暴な音楽とか、タバコとかビールとか……。

それに反して瞑想修行を集中的におこなっている期間などには、意識が鋭敏になり情報の省略がストップしていくものでして、たとえば食器がぶつかる音などもずいぶん強烈な刺激音（すなわち苦）として感じられるようになるものです。それゆえそんなときは、誰に言われずとも自然に、丁寧に音をさせずに料理や食事をしたくなりもいたします。

話を赤ちゃんに戻すと、生まれたてのころ、私たちは誰しも、いろんな光や音に衝撃を受け、苦しみのシャワーを浴びているようなものかもしれません。羊水の中にいたときは、お腹が空く心配も（つまり生きのびるための心配も）なかったのに、生まれた後は、お腹が空く苦痛がやってき、生きるために今度は泣き叫んだりしてサインを送ることによって、母親とある種の〝交渉〟までしなくてはならなくなる……。ああ、しんどい。

このようにして、老・病・死の憂鬱《ゆううつ》さの対極にありそうな、若さの究極たる出生がすでに、無力な受難として憂鬱さにつきまとわれている。それを意識すれば、生きるって苦だよな、と執着を、薄めることもできましょう。

4　ブッダの教団で、なぜ性行為は最大の禁忌だったのか

たとえ、毒蛇の口の中に
男性性器を挿入することがあっても
女性性器に挿入してはならない。

『律蔵』

このあからさまな言葉は、『律蔵』に残る、ブッダの言葉とされるものです。

現在の日本仏教とは異なり、ブッダの率いた仏教教団では、出家僧は男女ともに決して性行為をしてはならない、という戒律がありました。その戒を破った場合、教団を追放されるという点では、殺人と同レベルの重罪として扱われていたのです。

けれども、当時の修行者たちが、いかに性の問題で悩んでいたかということは、『律蔵』の中で性についての決まりごとがやたらと細かく規定されていることから、窺《うかが》い知ることができます。

たとえば、自慰行為ひとつを取ってみましても、微に入り細にわたって、禁止事項がズラリ。牛や馬など動物の性器を使ってはならない、とか。男性修行僧と女性修行僧が互いの性器を見せ合いっこしながら自慰行為をしてはならない、とか。男性の修行僧に泥をかけて「汚れた衣を洗ってあげる」という口実で互いの裸を見せてはならない、とか。挙げ始めればきりもなく、失笑しかねないほどに、当時の修行僧たちがあの手この手で性の快楽を得ようとし、それをブッダによって禁じられたというエピソードは、たくさんあります。

裏を返しますと、私たち人間の生存欲求の根幹に、性欲が鎮座しているということでもありましょう。性行為によって、脳内に大量の快感物質が分泌される仕組みになっているのはもちろん、「子孫を残すために生殖行為にせっせと励みなさい」という命令を出すためであろうかと、思われます。

と申しますのも、もしも生殖行為をおこなっても何ひとつとして快感物質が分泌されないのなら、性行為をする人の数は圧倒的に減ってしまうことでしょう。あけすけに申せば、生殖行為そのものは、互いの敏感な粘膜どうしをはげしく摩擦し合うことですから、快感がないならそれは、単に痛みを与え合う嫌なものだ、ということになってしまうでしょうから。

これはあながち、非現実的なたとえを述べているわけでもありません。何故《なぜ》なら普通の性行為の真っ最中においても、私たちがちょっと気乗りがしなくなっただけで、互いの摩擦が快感ではなく〝単なる痛み〟という剝《む》き出しの現実に戻るのですから。

気乗りがしなくなるきっかけは、たいてい、ほんの些細《ささい》なもので充分です。相手を愛撫《あいぶ》してみても今日はいつものような愛らしい反応がないため急に気乗りがしなくなる、とか。あるいは、夢中に一体になっていたつもりのときに相手の喘《あえ》ぎ声が嘘《うそ》っぽく感じられて、急に気分が醒《さ》めた状態に戻る、とか。

そう考えてみますと、性の快楽というのは摩擦の痛覚信号を快感の信号へとデータ変換するために〝陶酔〟という名の魔法を必要としていることがわかります。ですからその魔法さえ解けてしまえば、たとえ相手がどれだけ美しくとも、あるいは性的技巧に長《た》けていても、性交はちっとも気持ちよくない、苦痛な時間に変わり果ててしまうでしょう。

私が思いますには、現実をありのままに冷めた眼で見つめようとするブッダの教団にとって、性行為はこのように魔法によって「痛み」→「快楽」へと幻を作り上げるからこそ、最大の禁忌とされたのかもしれません。痛みは、痛みであるべきだと。

また、生存本能のままに性エネルギーを放出した後しばらくは、修行の集中力がいくぶん衰えることも、確かだと思います。

いやはや、何はともあれ、性欲のもたらす快感ゆえに生殖行為と生存欲求に縛りつけられている、というのは、ありていな事実です。そうでありますなら、人生も後半戦にさしかかって性欲が減退してきた、ということなど、ことさら嘆くべきことではないのかもしれません（それを嘆いて「性欲増強しなくちゃ」と洗脳されている人の、何と多いことでしょう！）。

性欲が年とともに衰えて醒めてゆくなら、それは生存欲求による生殖命令からようやく自由になったのだと、ポジティブに捉えるのもあり、なのではないでしょうか。

5　老いて性欲が減退するのは、嘆くべきことではない

一切皆苦《いっさいかいく》であると
明らかな智慧《ちえ》によって
腑《ふ》に落ちるとき、
人の心は洗われ清まる。

『法句経《ダンマパダ》』

一切皆苦。誰もが恐らく一度は耳にしながらも、きっとはっきりと腑には落ちていない言葉であろうかと思います。

前項では、あんなに気持ちよさそうにみえる性行為ですら、実は粘膜と粘膜の摩擦による〝苦痛〟の情報を、幻想のフィルターを通すことで〝脳内快楽〟へと変換しているだけでは、と記しました。つまり、本《もと》を正せば〝苦痛〟なのだ、と。まさにそれゆえ、性行為をあまりに連続しておこなうと、摩擦の痛みが突出して続けられなくなります。あるいはいったん快楽が果てて「ふー」と横になっている状態で、無理に性行為をしようとしましても、痛いだけでどうしようもなかったりもするでしょう。

言わばそれらは、脳による幻想のフィルターが力を失って、剝き出しの現実が露出する瞬間なのです。こういった寒々しい〝現実〟をよくよく観察してみますと、「そうか、楽しいと思っていたこれは、実は苦だったのか」という認識が生じることでしょう。こうして現実をありのままに知ることを通じて、「実は苦にすぎないものにあんまり執着してもしようがない」とばかりに、欲望がいくばくか弱まります。

徐々に老齢を重ねるにしたがって、もしも性行為をおこなおうとして痛みを感じるばかりになったなら。ならばいっそのこと「これが幻想抜きの現実だったのであることよなあ」と噛みしめて、性欲から卒業してゆくのもまた、麗しい老い方となるのではないでしょうか。

老いても性欲が盛んであるというのは、現代ではあたかも良いことのように言われがちですし、男性は自分の有能さと性的な力をしばしば同一視しがちなため、性欲の減退を嘆く傾向があるように思われます。けれども、老夫婦で共にいて性欲盛んならば、若い愛人相手に浮気するはめになることが多いでしょう。なぜなら、長年見飽きた年老いた相手よりも、見知らぬ若い子のほうが性的な〝幻想〟を喚《よ》びおこしますから、ね。それでは穏やかな幸せをパートナーと共有できなくなります。

そういった意味でも、私たちは若いころに血気盛んなのは良いとしましても、老いを重ねるのとともに、ほどよく枯れてゆく美学をもっていたいものです。

話を元に戻しますと、性行為のまっさいちゅうに「あ、実はこれは苦なんだ」とリアルタイムに気づくことによって、性欲を少し和らげてやることが叶います。男性の性欲はしばしば自己満足の追求のために、相手を辱めるとか、自分を興奮させるコスチュームを相手に着させるとか、乱暴にするとかいった形で、自分勝手に快楽を味わい相手の心を置いてけぼりにしてしまいがちなもの。

そういう乱暴な性欲が少し和らぐことによって、「いまは相手が喜ぶようにしてあげよう」といった調和的な心持ちで性行為を、相手の好みに合わす形で、おこないやすくもなることでしょう。そういった交じわりの後は、心も虚《むな》しくならず、充足感が残るものです。果てた後には虚しさしか残らないという男性は、自分勝手な快楽だけを追求しているせいで、快楽の脳内麻薬が切れたらすぐに禁断症状が出ているのです。

このように〝快〟だと思いこまされていたものが実は〝苦〟だったんだと発見することは、心を清潔にして心の裾野を広げてくれる効果を持つことがおわかり頂けたことでしょうか。

それを、性欲に限らずあらゆるものに広げてゆくと、心がどこまでも良い意味で枯れてゆくのです。

ただ、「これが実は苦だったのか」から「一切が実は苦だったのか」までの間には、果てしない落差があるのもまた、事実。「これもそれも苦だ、けれどもあれは苦じゃないはず」という判断がどこまでも残りますから、ね。その落差を超えてすべてを〝ありのまま〟に見渡すべく、仏教には瞑想修行があるのです。

6　生きるとは、一〇〇%負けるゲームをプレイするようなもの

生まれた者には、もれなく死がついてくる。
生まれたなら、もれなく苦を受け取る。
苦につかまえられ、最後には殺され、
責苦を受ける。それゆえ、生まれることを
喜ぶのは愚かなこと。

『相応部経典《サンユッタ・ニカーヤ》』

新しい生命の誕生は、一般的には喜ばしいことと考えられていますね。子供が生まれると、みんなが祝福するものですし、とりわけ産んだ本人や、祖父、祖母は大いに喜ぶものです。

お嫁さんが、親から「子供はまだできないの？」と急かされて悩ましい、という話はちらほら耳にするものですが、それは祖父母からしますと、孫の誕生を見ることで、「自分の遺伝子がちゃんと次の次の代まで生きのびられた」ということを、喜びたいからにほかなりません。

それが、ごく一般的な価値観でありまして、生まれることは、無条件に素晴らしいことだという、ある種の思考停止が世間にはびこっているように思われます。

ところが、仏道においては、生まれることは死と苦しみのスタートでしかないので、まったく喜ぶに値しないという非常識な発想を根幹に据えているのです。

今回取り上げた言葉は、ブッダの弟子として出家していた尼僧によるものとされていて、彼女が師の教えを自分なりに噛みくだいたものなのでしょう。その言葉は、次のように続きます。

「覚者《ブッダ》は真理を説かれた。すべての苦しみを消滅させるために、生まれることを超越するようにと」

その論理はシンプルで、生まれるせいで苦しみがついてくるのなら、生まれなければ苦しみが生じない。だから、生まれることを超越する（＝生まれない）のがベストだ、ということになります。

こうした発想は、おそらくほとんどの日本人にとって極めて奇異で、非常識なものとして映るに違いありません。「生まれたら死と苦しみがついてくるって言っても、楽しいことだってたくさんあるんだからいいんじゃないか」というのが、ごく常識的な発想でしょう。

その常識に従って、我が国の仏教学者が次のような解釈を示すのも、よくあることです。すなわち「生きることは苦だらけだという悲観的な考え方は、仏教の流行した当時のインドにおける自然環境がおそろしく過酷であって、生まれてもすぐ死ぬ場合も多く、病苦に悩まされやすかったから生じたものであろう」といった類《たぐい》のものです。

こうした「学問的」（？）解釈はおそらく、「人生が苦ばかりという考えは極端すぎる」と感じるのを前提に「それはまあ、インドの環境がツラすぎたからでしょう」と片付けたくなることに起因しているのではないかと、思われます。

う、うーん。仏道の根幹にある発想を、「インドがツラかったから」で片付けられてしまいますと、それはつまり「現代日本では通用しない」ということになってしまいそうですねぇ。

ところが、そんなふうに片付けたくなるのは、「苦」という単語の意味を捉え損ねているせいではないかと、思われる節があります。

仏教語で「苦《ドゥッカ》」と言われる際の意味は、もちろんシンプルに「苦しい」という意味もありますが、むしろ「満足をもたらさない」「不満足にさせる」「空虚である」「虚しい」というのが本義です。

私たちは生まれてからこのかたずっと、普通は幸せになりたくて、いろんなことにチャレンジしてきたことでしょう。友達と遊んだり、ゲームをしたり、勉強したり、受験をしたり、恋をしたり、就職したり、結婚をしたり、子をなしたり、転職したり、などなど。

けれどもそれらのうちのどれかひとつでも、この心を究極に満足させてくれ、幸せにしてくれたものがあったことでしょうか？

いいえ、答えは、否、のはずです。私は幼いころ、ヒデちゃん、次いでタケちゃんという友人に夢中になりいつも一緒に遊んでいましたが、楽しく遊んだ後に、満足感はやがて消え、不満足に戻ったものです。それどころか実際は、遊んでいる最中にこそ、「もっと優しくして欲しいのに」とか「もっと楽しい遊びがしたいのに」など、不満足の種は次々に出てきたものです。

テストで良い点を取ったときの快楽なんてものも、数時間も経《た》てば消えていき、不満足に戻ります。ゲームを楽しんでうさ晴らしをしても、ゲームが終わると不満足に戻ります。素敵な恋人を見つけても、やがて相手の欠点ばかりが見えるようになり、不満足に戻ります。あるいは、この原稿を執筆し終えましたら、いくばくかの達成感が得られるでしょうけれども、それもすぐ消えてゆくから、「無常」なのです。

生きることの基調音とは、この不満足感にほかならないのです。「これを得れば、不満足から抜け出せるのでは？」という幻想に騙《だま》されて、私たちはいろんなもの、地位、名誉、人などを得ようとアクセクするのですが、残念！　何を手に入れても、誰と一緒になっても、どんな業績を達成しても、その「快」がすぐ消えたあと、一〇〇％の確率で心は不満足感の中に逆戻りする定めなのです。

その不満足さのハングリー精神ゆえに、創造的なものを産み出せるんだ、なんていう決まり文句を言えば聞こえが良さそうではあります。が、絶対に不満足に戻るのが決まっているのに、この脳は満足を求めて頑張っているのです。

それはすなわち、一〇〇%確実に、挫折するゲームをプレイしているようなもの。「これを手に入れたら、これを成し遂げたら、満足＝幸せになる」というものがこの世に一切存在しない以上、真に手に入れるに値するものも、達成するに値する業績も、何もない。それこそが、ブッダが投げかける、痛烈なメッセージなのです。

換言しますと、ありとあらゆる現象は、この心を決して満足させてくれないという意味で、「空虚」であり「虚しい」ものであり、執着に値しない、ということが、「苦」の本義なのです。

生まれた以上は、こうして不満足さと空虚さを味わい続けることになる。そのうえ、最後には死という責苦まで受け、「死にたくない」という恐怖を味わうハメになる。

①満足したいと思うように脳が設計されているくせに、その脳は絶対満足しない。
②死を避けたがるように脳が設定されているくせに、絶対死ぬ。

この①と②を踏まえると、絶対成功しない不毛な挑戦をさせられる、無意味な人生であることが見えてきそうです。

この無意味さと不満足さこそが「苦」であり、それゆえ、「もう、こうした生存次元に居続けるのは止《や》めよう」というのが仏道を歩むことの基本にあるのです。

そう、娯楽の気休めも、異性の心地よさも、若さや体力による自信も、仕事の達成感も、すべてはどの道、無常であり消えてゆく以上、頼りにならず、執着するに値しない、と思い知ることが、大切なのです。意識がそれらを頼りにして、言わば足場にしようとするなら、一〇〇%の確率で裏切られるだけでありまして、諸行無常や皆苦とは、「諸行は必ず裏切る」と言い換えられるでしょう。あるいは、「諸行は肩すかし」とでも。

それが心底わかってしまえば、意識はもはや、それら具体的な現象には足場を置かなくなり、それらへの執着から離れはじめます。執着から離れることで、諸行つまり現象を超越するのです。現象は無常であり、裏切り、不満足へと戻り続けるでしょう。けれども、現象を超えているとき、心はひたすら完璧に満ち足りていて、決して裏切られることがないのですよ。かくして、生存の責苦は、乗り越えられるのです。

7　生まれ変わりを信じることは、悪行のストッパーになる

私は生まれ変わりの原動力になっている、
心の欠乏感を滅ぼした。
ゆえに私は幸いにも、
もう二度と生まれ変わらずにすむ。

『法句経《ダンマパダ》』

死んだら私たちはどうなるのか？　その疑問について、ブッダは「そんなことを考えても答えは出ず、それは時間の浪費。無駄な考えはやめて、とにかく修行をすること」といった答え方をしています。

これはマールキャプッタという思索好きな弟子がブッダに質問をしたときに答えたものです。こういったブッダの態度をもとにして、仏教ではもともと輪廻《りんね》転生や死後どうなるといった思考はなかった、と論じる方々もおられます。

けれども他方では、非常に多くの原始仏典の中に、「悪業を積むことで死後、餓鬼・畜生・地獄などに生まれ変わる」とか「善行を積むことで天界や、良い環境の人間に生まれ変わる」といった表現で、ブッダが生まれ変わりについて言及しているのが見受けられるのも事実なのです。

そしてまた『法句経《ダンマパダ》』でブッダが「私は生まれ変わりの原動力になっている、心の欠乏感を滅ぼした。ゆえに私は幸いにも、もう二度と生まれ変わらずにすむ」と、歓喜の言葉を漏らしています。これは、仏教とは生まれ変わりという無限の苦しみを前提として、その生まれ変わりをストップしようとする企てなのだという理解をするためめの、ひとつの根拠を与えてくれます。

そういうわけでブッダはどうやら輪廻転生を前提に教えを説いていたように思われるのですけれども、仏教がヘンテコな霊感悪徳商法みたいなものになってしまわぬように、相手を選んで慎重な物言いをしていたのかもしれません。相手によっては、「あなたの信じているあの世なんていうものは、五感で確かに見たり聴いたりできないものでしょう。五感で確かめられないということは、それは存在しないです」といった、にべもない言い方をぶつけたりもしていますから。

「死後に自らの業《カルマ》に基づいた生まれ変わりがある」と考えるのと、「死後は無に帰すのみで、生まれ変わりなどあり得ない」と考えるのでは、私たちの生活態度や年の重ね方に、ずいぶんな差が生じます。

「死んだら終わり」と確信していれば、他人を騙そうと、威張りちらして他人を傷つけようと、怒りに駆られて怒鳴ろうと、インターネット上で陰口を書きこもうと、しっぺ返しからうまく逃れたまま死ねたら言わば〝勝ち逃げ〟できるように思えることでしょう。つまり、〝無になる終わり〟が来る前に、少しでも自分の欲望を多く実現するのが得だという計算が成り立ちやすい。

反対に「死後は、業《カルマ》に応じて生まれ変わる」と確信していれば、その計算は「悪いことはなるべくしないほうが、長い目で見れば得だ」という方向に変化するでしょう。

実際には、転生が「絶対にある」／「絶対にない」と心の底から確信している人は、おそらく少数でしょう。実際まだ死んで確かめていない以上は、確信しているつもりでも「もしかしたら違うのかも……」という思いは、残るでしょうからね。

ですから「無になる」派の人ですら、本人の死がいざ近づいてきましたら、これまで自分がおこなってきたヒドいことやヒドいセリフなどを思い起こしては、「もしかしたら……」と恐れることもあるでしょう。人は死ぬ前に人生の走馬灯的なダイジェストを見ると言われますが、仏教では、死の直前に意識を強く捉えた走馬灯のイメージが心を縛りつけて、そのイメージに従った生まれ変わりをする、と言われています。

脳の特定部位を電気刺激すると、幽体離脱感覚を発生させるとのことですが、それをはじめとして、人の心には「生まれ変わりってありそう……」と思わせる装置がたくさん備わっているのだけは、確かなようです。それは、心が悪いことをする方向へ行きすぎぬよう、備えつけられたストッパーなのかもしれません。

8　どんなにかわいいアイドルも、体の中身はグチャグチャの血と肉

この身体は、骨と腱《けん》で組み立てて、
肉と皮で覆われている。
皮に覆われ中身が隠されているがゆえに、
この身体はありのままには見られない。

『経集《スッタニパータ》』より「征勝経」

これは、ブッダが肉体への執着から離れることを説いている部分です。そう、よくよく考えてみますと、しわくちゃの老人であろうと絶世の美女であろうと、その皮に覆われた中身は、血と肉が詰まっていて、骨でできた骨組みがあるだけで、どちらも似たようなもの。そんな血や肉に対しては興味や愛着は持てませんから、それらは好きになるに値しない、ということになりそうです。

なにせ、どんなに外見のよい人間を見て「かっこいい」「カワイイ」と感じたとしても、その人の血管や内臓を見せられて「かっこいい」「カワイイ」と感じることはなく、平均的にはおぞましいものと感じるものですから、ね。

つまり、私たちが異性の外見に魅《ひ》かれることひとつとってみましても、「この身体はありのままに見られない」ことが必要条件となりそうです。肌の奥には、自分が気持ち悪いと感じるものがたくさん詰まっているのだな、と強烈に意識するのと同時に、相手の身体に魅力を感じることはできないはずですから。

ありのままに、皮の内側まで意識するのではなく、目に見えるところだけ意識することによって「美しい」「キレイ」といった判断が可能になっている、ということですね。

ちなみに、一般に（特に我が国では顕著に）男性は、若い女性を好みがちです。遺伝子の自己保存欲求から考えますと、より若く健康的な女性をターゲットにしたほうが、より良い形で自らの遺伝子を残す確率が高まるでしょうから、ある意味では合理的衝動とも、申せそうです。が、筆者の見るところ、現代日本では〝若さ〟が商品として暴走しすぎているようで、それはアイドルグループのずいぶんな若年齢化や、彼女たち少女が微妙に性的ニュアンスを帯びたコスチューム・プレイをしているところなどに、表れています（制服やメイド服などは、一見すると清楚に見えても、男性の幻想の中ではエロティシズムと性表現に結びついているのですから）。

さて、TVを通じて彼女たちを眺めて楽しむだけであっても、その肌の瑞々《みずみず》しさやつや張りといった若々しさを、社会的倫理に抵触しないレベルまで性的ニュアンスを薄めたうえで、バーチャルに楽しむものとなっているように思われます。

画面でアイドルを見るだけでは、あいにく彼女たちとの間に遺伝子は残せないのですけれども（いやはや）、脳は〝見るだけ〟に薄められていても、密なやりとりをしているのと同様の刺激を受けて、錯覚してしまうものなのです。

どんな錯覚をしているのか。そこには、この学校制服だのメイド服だの（という従順、従属のシンボル）を着た若い異性と自分が一緒に子孫を残す営みをこれから為すべくワクワクしている、という錯覚の、薄められたものが隠されている。

そしてそれらの若さが表現しているのはもっぱら、平均よりはるかに手間とお金をかけて手入れされた、彼女たちの顔の皮膚なのです。それをTV画面で見るとき、視聴者はその内側に肉がグチャグチャに詰まっていて、骨が埋まっていることを忘れて、見とれている。

こうしてロリータたちのキレイな皮ばかりをTVで見ることで、我が国の男性が総ロリコン化していっているのは、憂うべきことではありますまいか。私はTVを持たないのでTVの事情はよくわかりませんけれども、書店で見わたしますとあっちの雑誌もこちらの雑誌も、ことごとく表紙がロリータアイドルグループで埋めつくされているのをみて、うーんと思う次第であります。

こうしてロリコン傾向が社会レベルで刷りこまれ続けますと、よい年をした男性が分不相応に若い女の子とお近づきになりたくなったりもしかねず、本人にとってもトラブルのもとになるように思われます。

ここで経典に戻ってみましょう。最初に引いた言葉は、次のように続きます。

「この身体の中には、腸があり、胃があり、肝臓、膀胱《ぼうこう》、心臓、肺、腎臓、脾臓《ひぞう》がある。鼻水、唾液、汗、脂肪、血、関節液、胆汁、膏《あぶら》がある」。どんなに美しく見える人も醜く見える人も、まったく同じように内部には臓器がグチャグチャと詰まってい て、鼻水やら唾やら汗やらのゴミだらけなのが内実なのだ、と。

さらに続きます。「身体の九つの穴からは常にゴミが流れ出ている。目からは目ヤニ、耳からは耳垢《あか》、鼻からは鼻水が。口から、ある時は食べ物を吐き戻し、ある時は胆汁や痰《たん》を吐く。全身からは汗と垢を出す。そして頭蓋骨の空洞には、脳みそがグチャグチャと詰まっている」と。

これは私たちの身体からは、キレイだと思えるようなものは何ひとつ出てこず、ことごとく「イヤだなあ」と思えるようなものしか作り出していないということを、突きつけてきますね。

大切だと執着されがちな脳すら、見た目は気持ち悪い内臓的な姿をしており、お世辞にも見ていて「キレイ」とか「若々しい」とか感じることができないような代物《しろもの》です。

けれども、と続きます。「けれども、愚か者は無知ゆえに、身体をステキなものだと思いこむ」のだと。

ええ、私たち男性は、こうして相手の皮の内側そのものを醒めた目で見るかわりに、「大きな乳房が好き」「下着姿が好き」「女性の一部が隠されていつつも、不可抗力で見えてしまうのが好き」「特定のコスチュームをまとっているのが好き」などといった形で、皮よりもさらに外側へと視線をさまよわせる傾向があります。

いやはや、そのような「ありのまま」に世界を見ない幻覚を中和するごとくして、「この身体の中はしょせん……」と観想してみることも、私たちをロリコン的若々しさへの執着から、治癒してくれることでしょう。

9　美貌の女性に憧れても、最後は幻滅を味わうだけ

私の肉体は汚《けが》れに満ち、
死へと近づくものであり、
破壊されてゆく、死体のようなもの。
この死体についてあなたは、
どこを素晴らしいとお思いになりますの？
この肉体を見てあなたは、心うばわれて、
見とれておられますけれど……。

「長老尼偈《テーリーガーター》」

ブッダの弟子で、比丘尼《びくに》であったスバーは出家して剃髪《ていはつ》していましたものの、その美貌ゆえに、男性から言い寄られることがしばしばあったようです。「長老尼偈」の第三六六偈《げ》から三九九偈までは、そんな彼女に求愛して、強引に言い寄ろうとした男性と彼女による、言葉のかけ合いが収録されています。冒頭に引いた、スバーの言葉は、誘惑する男性の誘い文句に対する、問い返しです。

男は言います。「あなたは年も若く、姿も整っている。あなたにとって、出家しているなんて相応《ふさわ》しくないことだ。そんな、汚れた出家者用の衣などは脱いでしまい、花ひらく林のなかで、私たちは共に快楽を味わいましょう」と。

それに対してスバーはきっぱりと、「あなたが求めている私の肉体なんて、死体みたいなものですのよ」と返しつつ、「それのどこが素晴らしいんですの？」と問う。するとと男は、彼女の論旨を無視して、彼女の眼の美しさを褒めたたえるのです。

「汚れなく、黄金にも似た、あなたの両眼をみて、私の欲望はいよいよむくむく大きくなる。清らかな眼の、長いまつげのあなたのことを、たとえ遠くに離れても思い出して忘れられない。妖精のようなつぶらな眼をしたかたよ、あなたの眼より愛《いと》しいものは、私にはありはしないのだ」と。

彼女が「肉体とは汚れに満ちている」というブッダの教えを説いているのに、彼は「汚れない」だの「清らか」だの「妖精のよう」だのといった、真反対のことを述べたてているあたりからして、二人の間にはまともなコミュニケーションが成り立っていないことが読み取れそうです。

それに対し、「あなたは私を手に入らないオモチャを子供がよけいに欲しがるみたいに、求めてますわ。あなたはスメール山をジャンプして飛び越すことを求めています、出家した仏弟子を求めるだなんて」と答えるスバー。人は手の届かないものに対して、手に入りにくいからこそ手に入れたがったり憧れたりするという、欲望の機微を理解していたのでしょう。現代でも、宗教に携わる男性や女性といった近づきがたそうなもの、性的対象とはなりにくそうなもの……であるがゆえにこそ、欲望の対象となる、といった現象は見られるものですね。

さて、彼が彼女の眼を称賛《しょうさん》したのに対してスバーは、「あなたは、肉体をありのままに（不浄だと）見つめることなく、肉体の真実を知らない普通の女の人を誘惑なさいませ」と答え、続けます。「あなたが、肉体は壊れてゆくだけで空虚なものだと知っている私の肉体をどれだけ褒めてくださっても、私の心を動かすことはできないのですわ」と。

「けなされても、あなたから褒められても、楽しくても苦しくても、私自身の肉体について、はっきりと現実のままに気づいています。『部品がより集まって一時的に作られ、やがては分解し壊れてゆくものは美しくなどない』と知っていますから、この心が肉体への欲に染まることはありません」

前項で、この肉体と肌を剝《は》いでしまえば、その内部は誰しも不浄なものだらけ……ということを記しました。スバーが言っているのはまさにそのことでありまして、肉体が、物質としてありのままに見られ、幻想を剝ぎ取られたとき、それには何の美しさも価値もないのだという真実です。ただし、おそらくいくらそのようなことを説いても、その男性の欲望を止めることはできなかったのでしょう。ひょっとすると、無理に襲いかかろうとすら、したのかもしれません。おそらくそれゆえに、とっさに彼女はなんと、自らの眼球を手でブチッと引きちぎり取り出して顔面血まみれにしながら、こう言い放ちます。

「さあ、あなたの好きな、私の眼球を差し上げますから、眼を持ってお帰りくださいな」と。そして経典はこう続けます。「こうして、彼の欲望はすみやかに消え、彼は謝罪した。『修行者よ、あなたの心が安らかでありますよう。このような振る舞いは、二度といたしません。燃えさかる火を抱いてケガをするのと同じで、このような立派な修行者に迷惑をかけて、私は毒蛇をつかんでケガをするかのように、愚かなことをいたしました。どうかお許しください』」

ええ、どんなに「清らかで汚れなく妖精のような眼」と幻想を抱いていても、その眼球というパーツだけを取り出して突きつけられたなら、いかなる幻想も欲望も、一瞬にして冷めるであろうことは、容易に想像できますね。

眼球を引っこ抜く直前の、スバーの口上はまさに人間的幻想を剝ぎ取った、物体としての眼球について言及しているのです。「あなたが欲情する私の眼球は、涙の流れてゆく球体にすぎません。そしてその球体には、ちっとも美しくない目ヤニが生じるのですわ。どんな人のどんな眼も、たんなる球体なのです」と。

仏教が肉体を見つめる視線が、科学的、分析的であるのがおわかりいただけることでしょう。

最後に、スバーが自分の肉体を、操り人形に例えた箇所を見てみましょう。「私は色々な、木製の新しい操り人形を、目にしました。紐《ひも》や釘《くぎ》で結び合わされて、色々な形で踊らされる人形を。その人形が、紐と釘を外されて捨て去られたとき、ボロボロに散乱させられた木片となったとき、断片でしかなくなったものに魅力を見つけることはできません。……このように、私の肉体も存在しているのですわ」

そう、もしもいまは魅力的であったとしても、後になって必ずこの肉体は壊れて魅力を失うのであって、肉体を拠《よ》り所《どころ》にすると後で必ずや、幻滅を味わうハメになります。

肉体とはしょせん、後で分解して捨て去られる木片のようなものなのだよなあ……とスバーから学びを得て、身体への幻想を滅することに、いたしましょう。

10　生きのびようとすると助からない、死んだら助かる

生と死とを超越した人、――
このような人がまさにその故に
〈道の人〉と呼ばれる。

『経集《スッタニパータ》』

ここに掲げたブッダの言葉を、今回はやや強引に、サブカルチャーを引き合いに出しながら解説してみましょう。

「死ねば助かるのに……」

この、ちょっとドキッとさせられるような言葉は、漫画のセリフです。『アカギ―闇に降り立った天才』という麻雀《マージャン》漫画の第一話から、引用いたしました。

物語は、のちに天才的かつ狂気すれすれの麻雀打ちに成長することになる赤木しげるの中学生時代から始まります。多額の借金をギャンブルで抱えこんだ中年が、雀荘で、再起をかけてギャンブルに臨んでいたところ、またしても負けそうな気配。

そこに中学生のアカギがどこからか紛れこんできて、中年のうしろに座ります。そこで中年にとてもよい配牌《はいぱい》がきて逆転も狙えそうな具合なのですが、彼は敵がリーチ（もう一歩でアガリというサイン）をしたことに恐れて、自分の持ち手をランクダウンさせてまで、安全な牌を捨てようとする。

それを見ていた中学生のアカギが呟《つぶや》いたのが「死ねば助かるのに……。今死んでいた……　背中に勝とうという強さがない　ただ助かろうとしている」というセリフだったのです。

先にも述べましたように、私たちには、強固な生存本能が組みこまれております。そして私たちが危機的状況に直面するほどに、「何とかして生きのびなくっちゃッ」という恐怖感として、生存本能は立ち現れてまいります。

そういったとき、私たちの理性は麻痺《まひ》して、ほとんど無意識的にバタバタと逃げようとするものです。麻雀であれば安全なほうへ安全なほうへと逃げて助かろうとした結果、その弱腰《よわごし》を相手に見抜かれて、かえって負けを呼びこみます。それならまだしも、仕事では「期限以内に仕事が終わらなかったらどうしよう」などという恐怖にとらわれますと、心が「この恐怖から助かるためには仕事から逃げねば」と錯覚するため、仕事が手につかなくなったり、イライラして逃げ出したくなったりもすることでしょう。

つまり「助かりたい」という生存本能が暴走することによって、自分からみすみす助からないほうへフラフラと進んでしまうことも、よくある。その意味で、生存本能のプログラムはずいぶん雑に設計されているのです。

思うに「助かりたい」という衝動の裏には、「もしもこれが失敗したら、自分は取り返しのつかぬことになり、それは死ぬのと同じようなものだ」という、思いこみが隠れています。そうであればあるほど「失敗してはならない」＝「死にたくない」という焦《あせ》りに足をすくわれて転んでしまいますのに。

筆者の例で申しますと、過去に出版した瞑想法の本が失敗作でありましたものを、増補改訂版として出し直すべく執筆を開始したのはよいものの、すでに〆切まで一週間しかありませんでした。大事な仕事と思っておりましただけに、「失敗はダメ」という圧力も強まります。「一週間で終えられなかったらどうしよう」という負の思考が浮かぶにつれ、執筆から心が逃げ出そうとしているのがよくわかりました。いやはや、〝助かろう〟としていたのです。

そこでいったん立ち止まって自分を見つめてみましたら、見えてきたのは見栄《みえ》を張ろうとする己《おのれ》の姿でした。「間に合わなかったら編集者を不快にさせ自分はマイナス評価を受けるだろう」「間に合っても完成度が低ければ誇りが持てないだろう」などと。心は、そうなったら生存が脅かされる、と思いこんでいるのです。そうしておびえる心を一発で元気にしてやるには、実際に評価の下がった状態をイメージしてみて、「そうなったらそうなったで案外、大丈夫」と受け入れてやるのが特効薬になります。

そうなっても別に、自分はやっていけるし何の問題もない、と。そうして間に合わなくなることや不完全さへの恐れが取り除かれると、淡々と執筆に向けてベストを尽くすことが叶ったものでありまして、結果として間に合ってしまうのです。

ギャンブルの大損を恐れるときでありましたら、「大損しても大丈夫」と。そして究極的には「死んでも大丈夫」と受け入れるイメージができますなら、何ひとつ恐れるものはなくなることでしょう。ですから、「死んだら助かるのに」なのです。

11　いつでも発情できることで、性欲が希薄になるという皮肉

子孫や妻への愛着のある者は、
枝葉の茂った竹がお互いに絡みつき合い、
縛り合うようなものだ。
シュッと独立している筍《たけのこ》のように、独り歩め。
そう、シャキンと一本だけ突き出した、
犀《さい》の角《つの》のように。

『経集《スッタニパータ》』より「犀角経《さいかくきょう》」

「死にたくない」という生存欲求は、無意識のレベルでは「自分の遺伝子を後世に遺《のこ》して、遺伝子をずっと生き残らせたい」という欲望としても立ち現れてくるもの、と思われます。

かつてリチャード・ドーキンスが『利己的な遺伝子』の中でいみじくも指摘して評判になったように、私たち個人個人は遺伝子が生き残ってゆくために利用される、乗り物のようなものにすぎない、と考えることもできます。

その観点からいたしますと、私たちが異性に対して抱く性欲というものが何故にかくも強烈な快楽を伴うものなのか、ということも容易に説明がつきそうですね。遺伝子情報が生き残ってゆくために有用な行為であればあるほど、それをすることによって個体が強い快感を感じるようにプログラミングしておけば……。放っておいても、個体は自分から好んでそれを繰り返してくれるでしょうからね。

あらゆる生き物がそのようにプログラミングされている中で、人間の場合はいくぶん特殊です。他の動物には発情期が設定されていて、通常は発情期が訪れた時期にのみ性欲にスイッチが入り、交尾をいたします。その発情メカニズムは単純に時期的なもので、それゆえ本能的なものと言えるでしょう。

それに対して人間の場合、いつでも条件さえ揃《そろ》えば発情し、性欲が生まれるようになっています。他の動物の発情期は、交尾をして生殖ができる条件が整っているときに一致している一方で、人間の場合は、月経時のような生殖に不向きな折りにすら、かえって性欲が高まることもあるのです。

いつでも性欲が引き起こされ得る、ということの裏面は、前項に記しましたように、自分好みのイメージやロマンスがかき立てられない限りは、性欲が引き起こされない、ということでもあります。本能により自動的に発情する仕組みが壊れてしまっていることで、イマジネーションを刺激されないと性欲が生まれない、という特殊なことになったとも考えられるでしょう。

性欲を引き起こすイマジネーションを、ここでは男性に限って、思いつくままにいくつか並べてみましょう。①女性が男性に奉仕し、従属するイメージ。典型例では、口に男性器をふくみ舐《な》める。②清楚《せいそ》に見える相手を淫らにさせるギャップのイメージ。これも征服欲に関わる。③手の届くような届かないような、微妙な距離のイメージ。心理的には相手をまだよく知らないとか、物理的には相手の裸が丸見えなのではなく、下着姿だとか、恥ずかしがって暗くしている、とか。

こうしてちょっと並べてみましただけでも、私たちはずいぶん自分勝手なイメージによって性欲を刺激されているということがよくわかります。そしてこれらのイメージは、広く世に出回っているアダルトビデオや18禁の書籍の中に、これでもかというくらい、繰り返し出てくるモティーフでもあります。

本人に適したイメージさえあれば、人間には本能抜きに快感がいつでも生じる。ということは、現実の相手がいなくても、イメージを消費するだけで自慰《マスターベーション》できてしまう、ということ。ことに現代ではありとあらゆる消費者の性的な偏りに対応できるほど、種類に富んだアダルトビデオが、市場に出回っています。

すると、仮に現実で恋人や配偶者がいても「彼女には恥ずかしくてこんなことはお願いできないし……」といったイメージですら、商品が仮想的に満たしてくれることになります。それゆえ、場合によっては、現実の性行為よりも仮想的なもののほうが快楽が大きくなると、現実の女性に対する性欲が希薄になる、ということも起き得るでしょう。

本《もと》を正せば、これらの性的商品は遺伝子の指令に沿って性欲を喚起していたはず。ところが、それが発達しすぎた結果として、むしろ現実の相手と性交渉する気分を、殺《そ》ぐ方向へと反転しているように見えるのですから、皮肉なものです。これもまた、「死にたくない」の遺伝子命令が、かえって人を滅ぼす一例と申せましょう。

12　私たちの生は、一瞬一瞬が老・病・死の苦に満ちている

執着に縁《よ》って、自我存在が生まれる。
自我存在をつくるとそれは、苦しむ。
生まれた自我存在は、生じたからには死ぬ。
これが苦しみの原因である。

『経集《スッタニパータ》』より「二種随観経」

これはブッダが弟子たちにと呼びかけて、「苦しみが生じる原因はただただ、執着ゆえなのだ」と説いている部分に続く言葉を、かなり言葉を補って自由訳したものです。

この言葉の受け取り方には二通りのものがあり、ひとつには一般的に私たちが生まれ変わりという観念により理解しているものを通じて、理解することができます。つまり、私たちが死ぬときに、「まだやり残したことがある」とか、「あれが好き」「あの人が嫌い」などの、執着するエネルギーが心に残っているなら、そのうごめく思念のエネルギーが死後にまで残存して、新たな存在に生まれ変わる、という考え方です。以前にも記しましたように、最初期より仏教ではこうして人が生まれ変わり輪廻をしているということを前提にして、その輪廻をストップしようとすることを目標にしていた側面があるのは、確かです。

冒頭に引いた文にもあるように、生まれた以上は、苦しみに満ちた生を送ることにもなり、やがて必ず死なねばならないことの苦痛から逃れることはできない……。そうであるなら、今生《こんじょう》の間に、心に燃える「こうしたい」「あれが嫌だ」という執着の炎を吹き消すことにより、死を迎えた際にもはや、死後に生まれ変わるための生命エネルギーを消滅させてしまおう、ということが目指されているのです。死んでももう生まれない、ということが苦しみの消滅である、と。

さて、他方で冒頭の一文は、もっと短い時間サイクルで私たちの心を分析したものとして、心理学的な読み方をする余地をも許してくれるものです。「執着に縁って、自我存在が生まれる」というのを、文字通り生まれ変わって母の胎内に宿ることとは捉えず、たとえば次のように考えてみる。

「あの人は決して許せない」と執着したなら、「許せないと憤る私」という存在が生まれる。「人を笑わせて楽しませなきゃ」と、心が執着したなら、「面白いはずの自分」という存在が生まれる。「自分なんてどうせダメだ」という自己卑下の陶酔に身を委ねるなら、「ダメな私」という存在が生まれるなどなど。

このようにして私たちの心の中では、ひっきりなしに気分が変動するたびに、「〇〇な私」「××な自分」という存在が、次々に生まれてきているのです。

問題は、生まれたら、必ず苦しみ、必ず老い、病になり、死ぬ、ということ。

たとえば「決して許せないと憤る私」が生まれたなら、その「私」を維持するためには、ひっきりなしに、その相手がいかにひどい人間であるかについての情報を、入力し続けなければなりません。そうしなければ「許せない」という怒りは徐々に薄まり、いったんは忘れてしまいますから。ところが誰か別の人が「その人、悪い人じゃないのよ」と言ってくるとか、その人が他の人とはうまくやれている姿を見たりするなら、それらは「その人は絶対的にひどい」という確信を揺るがす情報ですから、嫌なものを見聞きしたというストレスを感じることになるでしょう。このストレスこそ実は、「許せない私」がうまく維持できずにダメージを受けた、つまり一瞬にして病気になったということなのです。

こうして「病」にかかり、つまり思い通りにいかなくなると私たちはイライラし、そのイライラが続くのが耐えられなくなると、誰しも気分転換をしたくなるものです。つまり、いままでの自我から、別の自我へと乗り換えたくなり、「人にグチを聞いてもらえている私」や「楽しく本を読んでいる自分」などの、新たな存在になりきることで、一時的に「許せない私」は、なりをひそめます。

このとき、「許せない私」は次にまた生き返るときまでいったん死んだということなのです。

この、思い通りにはならず病んで死ぬ、という性質は、残念ながらすべての「私」

に当てはまります。「面白いはずの自分」が生まれると、面白いことが言えなかったときや、周りの人々が面白そうにしてくれていないのを見るときに、その「私」が病み、苦しみます。あるいは仮に、面白いことばかり言うことに成功した場合ですら、「うまくいった」という印象は、時間とともに色褪《あ》せてゆくもので、実感が薄れてゆく。それにつれて「面白いはずの自分」は、老衰してゆくのです。すると、その老衰に抵抗するために再び面白いことを考えたり人を笑わせたりしたくなりますが、それに成功しても、やはりすぐに実感は薄れていき老い衰えて不満足な気分が再来する、というハメになることがわかります。

そんなこんなで人生を細かく見てみると、何らかの心理的「私」は、生まれるとうまくゆかず病にかかり苦しむか、うまくいってもすぐに老衰して苦しむか、の二者択一を迫られるハメになっている、とも申せそうですね。「○○な私」が老いるにせよ病んで打撃を受けるにせよ、そうして苦を感じているうちに気分転換という名の「死」を迎えて、また別の「私」が生まれ、またそれが老い、もしくは病に打ちのめされて死に、また別の「私」が生まれ、死に、生まれ、死に……。

この短時間での無限ループこそが、心理学的にみた生まれ変わり、輪廻転生ということになります。それは苦＝ストレス＝不満足に満ち満ちている。

ここで冒頭の引用文に立ち戻ってみましょう。そう、「○○な自分」という存在が生まれる以上は、必ずや老衰と病と死に見舞われ、そのプロセスで苦しみがつきまとう。ならば、この老・病・死のプロセスに巻きこまれないための方法は、「私」を生み出さないこと、ということに帰着します、そして「執着に縁って」こそ「私」が生み出されるのですから、「誰かを好きな自分」とか「成功している自分」とか「ダメな自分」とか「明るい自分」とか「愛されている自分」などなどの執着を離れていくことが、「私」の発生を停止していくことになるのです。発生するがゆえに苦しむので、発生しなければ、安らぎがある。

何者かになろうとするから、苦しむのです。何者にもなろうとせず、良い、悪いもなく上手、下手も美しい、醜いも忘れ去って、「自分」を何者かとしてイメージしなくなれば、安らか。ゆえに、それに続くブッダの言葉を、その観点から訳すると、こう続けられるのです。「賢者たちは、執着を捨て去ることによって、ものごとをありのままに見抜き、『私』がもはや生まれないようにと成し遂げた。彼らはもはや再び、『私』が生まれては死ぬという迷宮に迷いこむことはない」と。

13　冷静に集中して自分を観察し続ければ、老いてもボケない

他の人々は自分の心と身体を観察していないが、
我々は常に自分の心と身体を
観察しているようにと修習する。

『中部経典』より「削減経」

右に「観察している」と訳した言葉は、「自覚している・気づいている・注目している」といった意味を持つ、念という語です。

それは「いま、自分は怒っている」「いま、歩いている」「いま、読み物をしている」「いま、感心している」「いま、疑っている」といったように、現在この瞬間に、自分の置かれている状態を、常に冷静に観察しておく、という特殊な訓練。これは、仏道実践の中核をなしておりまして、冷静さ（捨《しゃ》）や集中力（定《じょう》）といった能力を瞑想修行によって育成するのは、冷静さと集中力を保った状態で自己の内部をありありと観察し続けるのを助けるため、と申しても過言ではありません。

自己観察（念）は集中力（定）と冷静さ（捨）に支えられたとき、自分の中にある不満や怒りや落ち着きのなさといったものに光を当てて、溶かしていってくれるものなのです。自分の心を変えようとして力を加えようとするのではなく、不満なときは不満をただ観察し、悲しいときは悲しみをただ観察し、嬉しいときは、嬉しさをただ観察し……、といった具合に、あらゆるものをただただ観察し続けることによって、必要な変化は自動的に生じるのです。

さて、この念の訓練は「さっき嬉しかった」でもなく「これから嬉しくなりそう」

でもなく、「いま、嬉しくなっている」「いま、嬉しさが消えていく」などと、常に現在形でおこなわれるものですから、仏教においては過去と未来は忘れて「前後裁断！」し、現在の自分の内面へと専念してゆくことを大事にしております。

そのように心を常に現在形に保つなら、いつも心は自分の状態に対して明晰《めいせき》であることになり、シャキッとしています。筆者も極力いつもそうしようとして修行をしていますものの、ときとしてフッと気づくと「観察するのを忘れてた」というのを、何度も何度も繰り返しながら再挑戦を続けているのです。面白いことに、明晰に自己観察が継続されているときは、忘れ物も物忘れもほとんどないのに対して、自己観察を忘れていたり観察がおぼろげだったりする時間帯には、筆者の地金が出てきて（いやはや）忘れ物をしたり、大事なことを忘れていたり、話している途中に話の本筋を忘れたり、ということが起こるのであります。

このことから推し量ってみるに、自己観察を保つように努めていると、ボケることなく年老いていくことが叶いそうでありまして、ですからこうして修行している以上、ボケる心配はなさそうです。現に、こういった修行に専念してきた老齢の僧が、死の直前まで確かな意識を保って弟子を訓戒していた、などというエピソードを、ちらほら耳にもいたします。うーん、裏を返しますと、老いてボケてしまった僧がいたとするとそれは、修行に挫折したことを意味するのかも、しれませんねぇ。

それはともかくとして、仏道においては自分の内面を見つめ続けて自己変革してゆくことこそが、生きている意味のエッセンスなのです。そのことがいかに貴重であるかを考えてみますと、虫や動物にも感情はありますが、彼らは決して「いま、自分は怖がっている」とか「いま、自分は歩いている」などと、客観的に自己観察することはできないのでありまして、これは人間に生まれたからゆえ特有の能力だと申せましょう。

なおかつ、小さすぎる子供のうちはたいてい自己観察などする気にはならず、年をとりすぎるとボケてしまい自己客観化はできなくなるのですから、もちろん不可能になります。ゆえに人生の中でも、この自己に「念」の光を当て続けてそれにより変革の芽が自然に出てくるのを待つ、という実践ができる期間は、限られている。それだけに、このトレーニングに取り組める貴重な時期に恵まれたなら、それを少しでも無駄にしないように瞑想に励もう、というのが仏教徒の姿なのです。

またそのことから翻りまして、こうして自分のしていることをじーっと観察する、明晰な意識が備わっていることこそ、生きていることのエッセンスであってみますと……。もしもそれを失うような事態に陥ったときは、もはやそれ以上、無為に延命する必要はなさそうだ、とも申せそうですね。

意識不明のいわゆる「植物状態」に陥って自分で栄養もとれなくなったときや、もはや自分で自分のことがわからなくなるようなときには、むやみに親族に負担をかけてまで延命治療をしてもらう必要はないので、自然に死なせてもらえるように、予め《あらかじ》周囲と話しておいたり文章を残しておくのも、良さそうです。麻生太郎氏が以前、それに似た主旨のことを、やや悪漢めいた彼らしい口ぶりで仰《おっしゃ》っただけのことで、「高齢者の人権を否定している！」などとバッシングが生じる、我が国の雰囲気のほうこそが異常なのであります。それは「とにかく生きていることだけでも価値があるのだーッ」的に、生命への執着が最高潮に高まっているということなのでしょう。

けれども仏教の視座から考えてみますと、人間には確かに自己観察をして心を変化・浄化させるという特殊な能力を用いる限りにおいて貴重な存在ではありますながらも、それを用いない限りは、普通の動物よりもさらに利己的で残虐で、たくさんの生き物を食用でもないのに殺す、ロクでもない生命体なのです。そんな生命体が、ただ生きているだけで素晴らしい価値があるなどということは、決してあり得ません。それは、人間が自分たちの命を自画自賛して、他の命を貶《おと》しめるという、偏見に満ちた考え方にすぎないのですから。

ですから運よく人間として生まれ、運よくせめて最低限には自己観察力や集中力や冷静さを備えた心をもっていて、運よくまだボケずにすんでいるのならば――自分の心と身体の「いま、この瞬間」をじーっと見つめることを、嚙みしめたいものです。そう、他の人々はほとんど誰も、そんなことをしていなくっても、自分だけは。

14　死んで生まれ変わらず消滅することは、なぜ究極の安らぎなのか

諸行はまことに無常にて
生じては滅する本性を持つ。
生じ滅する揺れうごきが
滅することこそ安らぎだ。

『大般涅槃経《マハーパリニッバーナスッタンタ》』より「無常偈《げ》」

ここに訳出しましたのは、ブッダの死を描いた原始仏典『大般涅槃経』の中に出てくる「無常偈」という短い詩句の全文であります。仏教経典にしばしば出てくる言葉で、ひょっとするとブッダ以前から、古いインドの聖者たちの間に伝わっていたフレーズなのかもしれません。

ブッダが遺言を残して亡くなった後、帝釈天《サッカ》（神々の主）がこの詩を唱えた、と記されています。

彼の死にあわせて「恐ろしい大地震が起こった」とか帝釈天が現れて詩を唱えるとか、ブッダを神格化するためのそうした超自然的記述は真に受けないのが賢明かと思われますが、それはともかくも、この「無常偈」は悟りし人の死を飾るのに、相応しい内容のものです。

たった四行の詩句ですが、詳しく読みこんでみることにいたしましょう。

①諸行はまことに無常にて

②生じては滅する本性を持つ。

私たちの身体と心を動かすパワーであるところの「行《サンカーラ》」は、無常すなわち移ろい続ける。肉体は絶えず老いと死に近づいてゆき無常。そして感情も次々に移ろってゆきますよね。たとえば、自分の計画の成功を聞いて最初に感じた嬉しさも、数日後には前より弱いものになる、とか。すぐに移ろう。

③生じ滅する揺れうごきが

④滅することこそ安らぎだ。

ありとあらゆる感情が、私たちの中に生まれては、その瞬間だけは私たちに「本当に、そうだ」と思わせますよね。が、しばらく経つと、さっきまであんなに憎かった相手のことをコロッと忘れたり、さっきまであんなに大事だと思っていた主張が、どうでもよくなっていたり。さっきまで絶好調だった心が元気がなくなったり、さっきまで滅入っていたはずがいつのまにか元気になったり。こうして、心の中身が生じては滅し激しく入れ換わり続ける＝揺れうごき続けることこそが、実はこの心身にとって大いなる負担なのです。その揺れうごきが消滅することこそが、最高の安らぎ＝幸福だと、説かれているのですね。

ブッダがこうした揺れうごきを超越していたことを称賛する意味で、この詩句がここに用いられているのは明らかです。が、それと同時に、彼が死を迎えることにより消滅し、もはや諸行無常の世に戻ってこないですむことの安らかさを得た、と讃《たた》えてもいるように読み取れそうです。仏教の公式見解によりますと、あらゆる生物は死んだら業《カルマ》に従って生まれ変わるのだけれども、唯一、悟りを極め解脱《げだつ》した者のみは、死んだら生まれ変わらずにただ、心安らかに消滅する、ということになっております。

生じ滅し、絶えず揺れうごき、心に負担を与えることを基本原理とするこの世界に戻ってこずにすむことの、究極の安らかさ。生まれ変わりからの脱出＝消滅＝ニッバーナ（ニルヴァーナ）を理想とする、仏教独特の「安らぎ観」が、ここにはあります。「生きていたい」「長生きして楽しみを味わいたい」という生存欲求にとらわれている、私たち現代日本人からしてみますと、二度と生を受けずに消滅するなんて言われると、安らぎどころかかえって恐怖を覚えるかもしれません。

そうした、生への執着があるせいでまさに、心が快↓不快↓快↓不快と揺れ続ける苦役を背負い続けているのですけれども、ね。

ちなみにこの「無常偈」については、大乗経典の『涅槃経《ねはんぎょう》』における、ブッダの前世物語で、こんなものがあります。

彼が雪山《せっせん》童子として生を受けてヒマラヤ山脈にこもり修行していたときのこと、山で修行をしていると歌声が聞こえる。

「諸行無常《しょぎょうむじょう》、
是生滅法《ぜしょうめっぽう》」

すなわち、諸行は無常で、生じては滅し心を悩ますものだ、と歌っている。その歌に感銘を受けた童子は、その歌の続きが聞きたい、続きを聞けば何か決定的なことがわかるかもしれない、と大いに期待します。

「歌っているのは誰ですか」と声を大にして呼べば、悪魔が出てきて「俺が歌っている」と言う。続きを聞かせてください、と頼んでみても、「俺はお腹が空きすぎて、もう歌えない。お前が身体を食べさせてくれるなら、聞かせてやろう」とにべもありません。

そこで童子は思いきって、「それでは私の肉体を差し上げますから食して空腹を癒《いや》してください。そのかわり、続きを歌ってください」と願い出るのです。

答えていわく、

「生滅滅已《しょうめつめっち》、
寂滅為楽《じゃくめついらく》」

すなわち、生じ滅する移ろいにふり回されることをこそ滅して、心が寂滅することをもって安楽とする、と。「諸行無常、是生滅法、生滅滅已、寂滅為楽」。これが冒頭に訳した「無常偈」そのものでありまして、それを漢文訳したものなのです。

それを聞いて真理に触れた思いに喜んだ童子は、この詩句を辺りの木や石に書きつけてから、悪魔に生命を与えようとする。が、悪魔は帝釈天が童子の決心を試そうとして化けていた者で、童子の志に感銘を受けて「あなたはいつの世にか悟るでしょう」と告げ、去っていった、と。

「また帝釈天か！」と言いたくなる気もしますが、いやはや気を取り直して……。生じ、滅することの動揺を超越するということは、まさに命を捨てる（＝生存への執着を手放す）ことをも要求するのだと、シンボリックに読み取ることも叶いましょう。

大乗経典と原始経典という差はあれど、ブッダの前世においてこの詩句が主役を務め、そして今世の死後を飾るのにも同じ詩句が現れる。生き死にを超越しようとする、仏道の核心をついた言葉なのです。いま一度読み返して、胸に刻んでみませんか。

第二章　〝老〟〝病〟を嘆かない

15 「この一瞬にも寿命は尽きている」と意識すると、心が冴える

〝死〟という
終着駅があるのが、
生き物の定め。

『法句経《ダンマパダ》』

「老いゆくこの肉体は、病の巣となり、崩壊してゆく。腐敗してゆく肉体は、ついには朽ち果てる。〝死〟という終着駅があるのが、生き物の定めなのだから」

なにやら、不吉な印象を受けられるでしょうか。これは『法句経《ダンマパダ》』からブッダの言葉を意訳しつつ引用してみたものです。肉体が崩壊しつつ死という終着点へと、時々刻々と近づいていっている、ということ。

それはなにも、定年退職して〝余生〟を実感し始めたような世代にのみ、当てはまることでもありません。一見すると若さが永遠に続くがごとくに錯覚して人生を謳歌しているように見える女子高校生であれ、ようやく言葉を覚え始めた幼児であれ、今日という一日を終えた時点で、一日ほど寿命が尽きるその時へと近づいているのです。

そう、若い者も老いた者も、一時間経てば、死に向かって一時間ほど、近づく。そのようなすべての生き物に共通するレベルで、私たちは刻一刻と死に向かって走っていっています。

ちょうどこの行から、私が執筆している原稿用紙上では、二枚目の用紙が始まるのですけれども、私も一枚目を書いていたときよりも、すでにいくらか寿命をすり滅らして、死に少しばかり近づいているのです。

あるいは読者の皆様も、たまたまこの本の中に、不吉そうな言葉の躍るページが目にとまって読み始められたときより、いまここまで読み進められたときのほうが、確実に何歩分かは死に向かって近づいておられます。

そのような意味で、人生全体、という視野で見渡しますと、〇《ゼロ》歳の誕生から死を迎えるときまで、常に寿命が崩壊してゆき朽ち果てていっている、と見ることができましょう。

いま、仮に六十歳のかたが七十歳になったとき、十年も経ってからようやく「死が近づいてきたなあ」と感じるような時間感覚は、仏教の時間感覚からしますと、ずいぶんと粗雑なものなのです。

死を覚悟することで人間の意識は覚醒します。たとえば、「あ、いま一回呼吸をした間にも、一呼吸ぶん寿命が尽きたのであることよなあ」と、短い時間単位のリアリティとともに感じられるなら、よりいっそう力強いものとなるものです。

いま、皆様がこれを読んでいる最中にも寿命が刻一刻と朽ち果てている、と申しました。そのことを意識しながら読んでいただくなら、読んでいる最中にきっと心が冴《さ》えてきて、読み進める読解力も強化されてきているのではないでしょうか（もしそうなっていないようでしたら、うーん……、それはひとえに、筆者の力量不足なのでありましょう）。

このように捉えてみますと、「腐敗してゆく肉体」という、不吉そうにみえる言葉も、一転して肉体に秘められた力を引き出すための、ショック療法的な鍵になっていると、見ることもできるでしょう。

このことを覚えておいて過ごす一日と、このことを忘れて過ごす一日とでは、まったく質が違うものです。これを書いている筆者もまた、うっかり今日はずっと忘れてボンヤリしていましたところに、これを書くのをきっかけに強烈に「死に近づいて腐っていっている」ということを思い出したおかげで、いまはずいぶんと心が冴え冴えとしているのでありました。

一秒一秒、一刻一刻、すべてを失い消滅することへと向かって、この命は腐っている。すべてを失うことへと、いまこの瞬間も近づいているのに、その途中でお金や名声や物を集めようと必死になることは、無意味なことこのうえありませんでしょう。この、いわば〝無意味感〟こそが、私たちのちっぽけな欲望を根こそぎ洗い流して、もっと大きな視点でものごとを見渡すよう導いてもくれるのです。

目の前のよしなしごとにとらわれて視野が狭くなったときは、「ああ、この一瞬にも腐敗して寿命が尽きてゆく」と思い出し、自らを一喝して一回、リセット。

16 「老いてこそ人生は豊かになる」は、単なる気休めの甘言

老いるのは苦しみだ。
病むのも苦しみだ。
死するのも苦しみだ。

「初転法輪経」

この世に生まれるのも、老いるのも、病むのも死するのも、いずれも苦しみなのだ——。ブッダは初めての説法であった「初転法輪経」で、こう直球で宣言します。

そう、年老いてゆくことは、私たち生命体にとって、基本的に苦しみをもたらすことです。生まれた後は、刻一刻と寿命がすり減り死へと近づいてゆく。その意味では、前項で記したように、生まれた瞬間から、老いの苦しみは始まっているのです。

つまり生まれついてよりこのかた、死ぬまでの間ずーっと、老いることや死ぬことへの恐怖につきまとわれながら、潜在的には苦しみながら生きねばならない。食事や娯楽や性行為などによって一見すると楽しみがあるようにみえて、それらの快楽はどれも一律に、己が老い、死にゆく存在であることから一時的に目を逸《そ》らすことができるから心地よいのです。

すなわち、老いや死への恐れによる苦しみが、いかなる楽しみの裏にも、通奏底音として流れているのです。このように仏教の世界観はペシミスティックにも見えかねないほどに、人生の不都合な真相をあばいてみせます。

それが、「生きるとは何にせよ、この心にとって苦痛と不満足感を与え続ける、苦役のようなものなのだ」という諦観《ていかん》を育《はぐく》むのに役立つのです。

この世は、究極的に甘美なものではなく、老いさらばえ生命力が衰えてゆく、つらいものなのだとわかることで、欲望のままに生きようとすることが虚しいものだと、執着が薄れる。

そうして考えてみれば、老いるに従って、身体が衰えたり思考が鈍ったりするのも、「老いるのは苦しみだ」という真理を体得するためのきっかけにできそうです。

たとえば、視力が衰えてくる。たとえば、肩が上がらなくなってくる。肝機能が低下してくる。肌のキメが粗くなってくる。胃腸の機能が失調してくる、などなど……。

そうした老化現象を単に嘆くのではなく、「苦しみ」という真理を洞察するために使ってしまうのです。つまり、「ああ、たしかにこうして、身体の老化を私は不快に思っていて、思うに任せない、苦しみだと感じている。人生とはずっと老化を経てゆく連続であり、まったく自分の望み通りにはゆかぬものであることよなあ」と。

どうせ老いて死にゆくという、決定的な「思い通りにならなさ」にさらされている。そうであれば、細かいことで「絶対こうしたい」とか「これはこうじゃなきゃダメだ」と我を張り、思い通りにしようとすることなど、あまり意味を持たなくなるのです。

ですから、「刻一刻と老いてゆくこと」＝「たしかにそれは苦しみだ！」と腑に落ちるなら、私たちはひょいと、普通の人生の枠組みの中から、脱け落ちるのだと申せましょう。老いの苦しみ、という真理に触れることで、普通の世間的な価値観が色褪せてしまうのですから。

さて、ここで翻って現代の高齢化社会に目を向けてみますと……。世の中には当然のごとく高齢者向けの商品があふれるようになっていますね。出版業界とて例外ではないように見えますが、興味深いことに、「老いることの素晴らしさ」ですとか、「老いてこそ人生は豊かになる」ですとかといったような、老いを讃美するニュアンスを持った書名のものが、しょっちゅう目に付きます。

これはもっともだと申せばもっともなことには違いはありません。高齢者をターゲットにした書籍で、「老いは苦しみだ」「老いは惨めだ」といったタイトルにしたなら、それらが売れるはずもありませんから、ね。

主な購買層であるところの高齢者におもねって、高齢者が抱えている自信のなさや不安を拭い去ってあげるかのように、「大丈夫、老いてからのほうが人生は充実するのだよ」と。すると、潜在的には老いに不安、苦痛を抱えている人が、喜んで買ってくれることになるでしょう。

もちろん、多数あふれるそれら「老い」の本の中には、比較的に良い内容の言葉も、いくつか含まれるには違いないでしょう。ただし、たとえそうではあったとしましても、仏教的に見て問題なのは、老いの苦痛（真理）から目を逸らす、気休めになるという点なのです。

老いてゆくのは確かに、生命を脅かし、苦痛で、希望に沿ってはくれず、惨めなことがらなのだ。この、世間的価値の枠組みを色褪せさせる良薬は、それこそ、口に苦し、です。認めたくない。そんな薬、飲みたくない。

けれども、この現実を認めずに、「老いって良いことだ、甘美なことだ」と自己暗示をかけ、洗脳するような本を読んでも、気休めにしかなりません。結局は、生命体である以上、潜在的には老いと死を恐れ、苦しみから逃れられないのですから。

ならば、そういう口には甘くて美味しいけれども人生を解決しない甘言に乗せられるのは、得策ではなさそうです。仏教では、本当は苦しいはずのものを、快いものだと誤認する心の働きのことを顚倒《てんどう》（ひっくり返すこと）と名付けて戒めているのです。

そんなわけで我々は、「老いるのは苦しみだ」という、直球の良薬を、服用することにしようではありませんか。

17　若く見えることを良しとする価値観が、老いを惨めなものにする

人は白髪や長寿のゆえに
長老と呼ばれるのではない。
その徳ゆえに、
長老と呼ばれる。

『法句経《ダンマパダ》』

「老いてもなお盛んであるべきである‼」

これがある意味、我が現代日本の国是であるかのような様相を呈しています。

何歳になっても、恋愛をしているほうがいい、とされるのもそう。あるいは、実年齢よりも十歳、二十歳も若く見える人が高く評価され、五十代の女性が自分を三十代くらいに見えるようにつくりなし、いつまでも落ち着きが伴わないのも、そう。定年退職後も、何かやり甲斐《がい》のあることを見つけて、アクティブに打ち込んでいるほうが高く評価されがちなのも、そう。

私の見るところ、このような価値観は、皮肉なことに、老いを惨めなものにするように思われます。なぜなら、これらは一見すると高齢者を応援しているようにみえて、実質的には「若々しくしていないとお前たちには、これっぽっちも価値はないのだぞ」と脅しているのですから。

そうして若々しくしていられたとしても、「六十歳なのに四十歳みたいだ」というギャップゆえに、本人に価値が生じるにすぎません。その評価の基盤になっている若々しさの点では、実際の若い人たちには負けてしまうのは否めないでしょう。

つまり現行の価値観では、以下いずれかの無意識的な屈辱を味わうことになります。

①若々しく見られて評価されるが実は、本当に若い人には負けている、もしくは②若々しさがないがゆえに、低評価を受けるうえに、若い人に負けている。がーん。
　ここで申している〝評価〟とは、他人からの評価でもあるのと同時に、より重要なところでは、自分が自分自身に対して下す評価のことをも指しております。仮に①のグループに入れたとしましても、この価値観に洗脳されている以上は、「……でも、実際は老いていっている」という事実にコンプレックスと恐怖を抱き続けるハメになり、無意識レベルの苦しみが蓄積してゆくのです。

　ただでさえこうして老いのコンプレックスに苛《さいな》まれているのですから、いざ実際に、つなぎとめていた若々しさが致命的に失われてゆくとき、心には劇痛が走るはずです。たとえば、身体がいよいよ使い物にならなくなってきて、まともに仕事ができなくなってきたとき。異性への恋愛感情がいよいよ枯れてきたとき。たとえば、若づくりに保ってきた肌が、もはやどうしてもたるみが隠せなくなってきたとき。「年齢よりも若々しい」などという、相対的にすぎないものに、自我アイデンティティの拠り所を見出《みいだ》してしまうと、それはいつか必ずや、失わねばならなくなる。そして、拠り所を失うとき、苦しみが一挙に襲いかかってくることでしょう。

これまでも別の形で述べてきたことながら、人生の最終時期を、とても不満で惨めに過ごさねばならないような洗脳が、この国を覆っているのです。うがった見方をいたしますと、高齢化が進むなかで、お金を（若い人と比べて）たくさん持っている高齢者を誘惑して、各種消費へとかり立てるためにも、この洗脳は重要であるに違いありません。

消費といえば、ふと思い当たりますのは、お金と支配欲の関係です。お金を使うと、ヒトやモノを自分の支配下ないし影響下に置いた気分が生まれるため、脳内に快楽が発生するものです。老いても盛んに快楽を追い求めよ、とは老いても消費の欲を追い続けよ、という市場の命令なのかもしれません。

かくして、老いた身体にドギツい快楽の刺激を与え続けるハメになっている、高齢化社会。結果として、いよいよ死の病にでもかかるまで、誰もがずーっと興奮しっぱなしで、昔の、敬われていた老人が持っていた落ち着きや思慮深さが失われることとなります。市場の命令に背いて、老いては快楽を去ってゆくこと。それが心の安らぎを得る秘訣であるうえに、副作用としましては、若い人たちにはない平静さという独自のアドバンテージを、〝長老〟が取り戻すことにもつながるのです。

18 人間も自然現象のひとつ、病も死も自然の流れにまかせる

あるがまま、道のままに生きる人は、
長生きしたいとも願わず、
死を嫌悪することもない。
この世に生まれたことを喜ばず、
この世を去るからとて嘆きもしない。
……自分自身をも
単なる自然現象のひとつとみなし、
死を特別なことと思わない。

『荘子』大宗師篇

いやはや、こんな生き方を現代日本人が皆で実践しているならば、年金問題や高齢化にまつわる医療問題は、あらかた解決してしまいそうです。

なにせ、誰もが死ぬことを（そして死に向かって近づくことである老いと病を）嫌悪するからこそ、我が国の病院はやたらに大繁盛しているのですから。自分に訪れてくる病を自然の流れとして受け入れ、自然治癒力が勝手に治してくれる間は生命を享受し、やがて回復できなくなったときは、それも定めと受け入れて去ってゆけばいい。

そうせずに、ただ「死にたくない、病みたくない」という欲望に突き動かされ続けることによって、本来なら「ここで天命は尽きている」と言えそうなところよりも、ずっと延命できるようになっています。

昔でしたら、癌《がん》や結核や疫病を患った時点で、「ああ、死ぬんだな」と諦《あきら》めざるを得なかった事態に対して、現代医療を用いれば人為によって克服できるようになっていて、言わば諦めさせてくれなくなっている。結果として誰もが九十歳くらいまで生きるようになりますから、異様な高齢化社会が実現しているという側面があることでしょう。

これらは人為によって自然の流れに逆らい介入することと捉えられそうですが、ましてや、もはや意識を失っているのにチューブで栄養を送り続けて無理矢理に生かそうとするというのは、人為的不自然さの極致と申せそうです。

こうして〝生きること〟そのものに価値があるかのごとく生命維持を図ることは、ずいぶんな個人的・社会的コストを浪費するのみならず、生きることの質をひどく劣化させ、惨めなものにしています。これもまた生命への欲望が、自分で自分の首を絞めている一例だと申せましょうか。

そもそもそういった終末医療以前に、病院に行くこと自体が、どこか生命にとって惨めな体験であるようにも、筆者には思えます。

病や死を「嫌だ！」というネガティブに感じている人がたくさんいる、明るくはない空気感。呼ばれるまで、ずっと待っていなくてはならない。そして（医師がみんなそうではないでしょうけれども）ぞんざいな態度や横柄だったり高慢だったりする医師から、本当に効いているのか、ほんとうに副作用がないのかもよくわからない薬を処方されて、質問にはちゃんと答えてもらえなかったり。

筆者が面白いと思うのは、資本主義の徹底の結果としてあらゆる業種で、「お金を払う〝客〟を王様のように扱いへりくだる」という異常事態が発生している中で、医療業界ではいまだに、患者に対して高飛車な態度をとる医師が少なからずいるように感じられることです。これはおそらく、患者の側が「治してほしい、死にたくない」というすがるような欲望で医師に向かい、「医師の機嫌を損ねてちゃんと治療してもらえなかったらどうしよう」とひそかに恐れていることに原因があるのではないか、と筆者は推測しています。

患者の弱気ゆえのパワーバランスで、医師が権力者のような具合になることもあり得る、ということ。そうして弱気になっている患者は、精神的な屈辱感まで味わうハメになることでしょう。知人が受けたある治療では、治療のための小型器具を医師がその知人の体内にうっかり落として壊してしまい、その器具を改めて用意するのに数日かかるので数日後に再手術となったうえに謝罪もないままに、器具を再調達した分の費用まで余分に請求されたそうです。彼はとっても怒っていましたが、従わざるを得なかった。そういった扱いをして平気という文化が業界内にあるのは否めないでしょう。

話を本筋に戻しますと、こういった嫌な目にあうのはそもそも何故なのか、という原因は、私たちが老・病・死という自然を否定し、少しでも自分の思い通りに操作して生存を保ちたい、とあがくところにあるのです。

身体が壊れてきても病気になっても、なるべく医療には頼らないで自然のなりゆきに任せてみるという姿勢に変えてみるなら、少なくとも上述のような惨めな気分は、一切味わわずに済みます。長生きに執着して惨めな老後を送るハメになる前に、ほどほどの年齢で天命が尽きたのとともに自宅であっさり死んでゆけるなら、ダラダラと生きて「その面倒を後進の者たちに見させなくちゃ」という心配もしなくてよくなる。充実して生を全うし、ポクリと死ねば気持ちよい。

ここで冒頭に置いた『荘子』の引用部分に続く一文に、「受けてこれを喜び、忘れてこれを復《かえ》す」とあることに注目してみたく思います。「自然から与えられた人生をありがたく楽しみつつも、それを自分のものと思わずに、死ぬときはすべて自然に返す」といった意味です。

私たちの肉体も精神も、すべては天地自然の原素たちという微細なパーツを借りて、一時的に結びつけているだけの代物にすぎません。その借り物にすぎないものを、いつまでも「自分のものだ、返すなんてとんでもないッ」と執着すればこそ、自然に逆らった強引な長生きをして、惨めな老後を送るハメになるかもしれない。その由縁は、借り物を自分のものと主張する盗みの罪が、裁かれたからなどとも、申すことができてしまいそうでもあります。

そう、荘子が言うように私たち人間も、しょせん「自然現象のひとつ」にすぎません。けれども人間という自然現象は、「自分の身体と精神は、自然とは異なる、特別に有り難くスバラシイものなのだッ」という不自然な錯覚を抱きがちなのが困りもの。

〝自分〟と雲や水や風や石や犬や猫や他人やを、宇宙的な大きな視点で見渡すなら、それらの間に大した差など、ありはしません。「あー、どれもこれも、自然現象であることよ」と、目をつむって巨視的にイメージする瞑想を試してみてください。〝自分〟への特別扱いが消えてゆくに従い、荘子の言うあるがまま、すべて異ならず（万《ばん》物斉同《ぶっせいどう》）という感覚が少し、感得できると思います。

〝自分〟が特別でない自然現象にすぎないのなら、あとどれだけ生きるのも、いつ死ぬのかも、操作せずに自然に任せてやればいい。筆者も、天命が尽きたなら天地から与えられたものをそっくり自然に返して、サッと去りたいものと思っております。

19　「こういう自分でありたい」という欲望は「苦」だと気づく

城の外に出て老人という存在を見、
病人という存在を見、
死人という存在を見たとき、
自分もまた老い・病・死を避けられぬ存在で
あるくせに、老人や病人や死人を嫌悪するのは、
この私には相応しくないと思われた。
こうして私の若さの高慢は打ち砕かれた。

『増支部経典《アングッタラニカーヤ》』

これはブッダ自身が、自らの城を出て出家修行者となった動機を回想して述べている言葉で、よく四門出遊《しもんしゅつゆう》という紋切り型で語られるものです。若きころの彼が初めて城の外に出たとき、病人・老人・死人の醜悪な姿を見た。「あれは何か？」と従者に聞いたところ、「あのような嫌なものは私たちに関係ありません」とばかりに従者は嫌悪感を示しました。それに対し、ブッダは老・病・死が自分に言わば関係大ありとして、やがて自分の若さが失われることを思い、ショックを受け、冒頭の言葉を言ったのです。悟ってブッダと呼ばれる前、ゴータマ・シッダールタという名の王子であった彼は、思索を好む優秀な若者でした。若くて健康で家柄もよく、学芸に秀で能力もあり女性にも不自由せず、おそらく自分は優秀だという自負もあったのでしょう。

他方でまた私が思うに彼は、きっと〝もっと完璧な幸福〟を望んでいたのではないでしょうか。お金も才能も名声も女性もすべて手にした生活を送っていても、この心には「いまよりもっと良い状態になりたい！」という飢えた衝動があり、いま現在の自分を否定しようとしますから、いつも苦しみがつきまとうことに、気づいていたのでしょう。だからこそ彼は、苦しみを克服すべく、王子時代からすでに瞑想修行に取り組んでいたと言われます。

おそらく完璧主義であったと思われる彼は、きっと「幸福といってもしょせんこの程度のものか。苦しみがあれこれつきまとう以上は、不十分なものだ。もっと完全な、壊れない幸福はないものか」と探求していたのではないでしょうか。

一方に自らの優秀さへの高慢な自負を抱き、他方に壊れようのない完璧な幸福を探している青年ゴータマだったからこそ、老人、病人、死人の存在に対して、「我が青春の高慢」がふきとんで出家したくなるほどの強烈なショックを受けたのではないでしょうか。

なぜなら、老人を見てショックを受けるのは、自分の若さや美しさがやがて失われることを耐えがたいと思うからでありまして、青年ゴータマはおそらく「どうせやがて老いるなら、いまだけ若くて美しくても意味がない」と考えたのでしょう。私たち平均的な人間ならば「たしかにやがて老いるのは嫌だが、それまでの間はしばし若さを保てるから、せめてその間だけは幸せだ」とでも考えそうなものなのですが、ゴータマには感じられたのでしょう。

「永続せず完璧でないのなら、そんなものは幸福とは言えないし拠り所にならないし、何の価値もない。そんなものはいらない」と。こうして、完璧すぎる高度な幸せを望む彼だったからこそ、老いに対してかくも強烈な反応を示したのだと思われます。

それはまた病・死に対しても同じことでありまして、彼はきっと考えたのでしょう。「いまは健康でも、いつか必ず病んで死ぬなら、健康や富や才能なんて何の拠り所にもならない」と。健康や若さが、もしも永続するなら拠り所にもなるでしょう。けれどもそれらが無常であり、一時的なものでしかないなら、頼りになりはしない。頼りを失って大いに動揺したのです。

それほどまでに彼は、真剣に老・病・死が自分にとって脅威であることを自覚したのでしょう。自分が老いたくない、病みたくない、死にたくないと、強く恐れていることを自覚できたからこそ、彼は老・病・死への恐れを克服する方法を探求すべく、出家に身を投じたのです。それは自分の心が「老いたくない」「病みたくない」「死にたくない」と怖がっている弱さを抱えている事実の、一大発見だったのではないでしょうか。

こうして自らの脆弱《ぜいじゃく》さを目《ま》のあたりにしてこそ「青春の傲慢さは打ち砕かれた」という、ある種の自己崩壊と自己革命が始まったのでしょう。

ブッダは説法ではしばしば、自らの教えのエッセンスを四聖諦《ししょうたい》として語っています。

それは簡潔に申せば①苦しみに気づく→②苦しみの原因である渇愛に気づく→③苦しみが癒されていく、という流れを辿《たど》るものとして、まとめられるものです。そう、何らかの問題を解決するためには、まずは何はともあれ、「この自分が苦しんでいる」という事実に、目覚めることが大前提になります。

若きころの青年ゴータマは、うすうす生きることの苦しみに気づきつつも、自ら恵まれた境遇や才能や容姿ゆえに「いや、自分はハッピーだ、苦しくなんかない」と青春の傲慢さに目隠しされていたのでしょう。

私たちにひきつけて考えてみますと、勉強しすぎて疲れきっている子供が、テストで良い点を取って勝利感に酔うなら、「自分はハッピーだ」と思い込む傲慢さに浸るでしょう。友達に愛想をふりまきすぎて疲れ果て、内心イライラしている人も、結果として他人から気に入られて肯定感を得るなら、「自分は苦しい」と認識しなくなるでしょう。

こうして私たちの脳は、本当は苦しいはずのことを「いや、苦しくない。ハッピーだ」と言い張ろうとする傲慢さを備えているように思われます。それゆえ多くの場合、さきほどの①〜③のフローチャートの①にすら至らないまま、苦しみが増大してゆくのです。

ところがゴータマ青年は、老・病・死をあまりに嫌だと思って苦しむ自分を、素直に認めることができたのです。

隠れていた苦しみを自覚すれば、問題解決のプロセスが始まる。苦しみを深く見つめてみると、次に自分がなぜ苦しんでいるかが、見えてくるのです。

四聖諦の定式においては「苦しみの原因は渇愛である」とされていて、渇愛（すなわち欲求と攻撃性）という一般的レベルで、原因が示されています。が、ごく個別的に我が苦しみを見つめているなら、もっと具体的に見えてくるでしょう。たとえば老いへの苦しみの背景に、これまで自分の顔のかっこう良さや肌の良さを褒められてきたことへの執着が、見えてくるかもしれません。

これは、渇愛の中でも「これこれこういう自分でありたい、あり続けたい」という、自我イメージへの願望です。そうやって願望を刷りこまれている分だけ、こうしていま自分は苦しんでいるのだなあ、と受け止めてやる。すると、その渇愛は見破られ受け止められたことによって癒されてゆくものです。

そういった具体的な変化のプロセスをブッダ自身はちっとも語っていませんが、おそらくはあれほどに老・病・死が怖かったということは、よほど若い自分、美青年な自分、生き生きとした自分……などなどへの執着が人一倍、あったのかもしれません。ゴータマは小さなころから神童としてちやほやされ続けた美少年だっただけに、「キレイですね」と言われる都度に、キレイでなくなることへの恐怖を刷りこまれていたことでしょうからね。

そうであってみれば、彼自身が自らの渇愛とその苦しみを癒してゆくプロセスは、彼の人生においてさまざまな形で植え付けられてきた「こんな自分でありたい」という渇愛を自覚して白日のもとにさらし、受けとめて癒してゆくという、辛抱強いものであったことでしょう。私たちも老いや病や死を恐れたとき、そうして自分が苦しんでいるという事実に素直に心を開き、原因となる渇愛を見つめてみるなら、ほんの少しだけなりとも彼と同じように、恐れを洗い流し癒されてゆく道に乗ることができるのです。

20 「健康であらねばならぬ」と工夫すればするほど挫折する

人があれこれと考え
生命エネルギーを増大させようと
工夫してみたところで、
結果は人の思惑とは違うものとなる。
身体が壊れて死ななければならないのは、
こうして人間の思惑を裏切るもの。

『経集《スッタニパータ》』より「矢経」

ここに自由訳して掲げた言葉は、『経集』所収の「矢経」の後半に出てくるものです。私たちがいろんな欲望を享楽するのも、肌や健康を気にするのも、突き詰めてみると生命エネルギーを謳歌してこの生命を、すこしでも延長しようとする盲目的な衝動に原因があります。

それら個別の欲望を見てみますと、「かわいい女性とつきあいたい」「お金が欲しい」「性格の良い人と一緒になりたい」「美しくありたい」「皆にかっこいいと思われる装いをしていたい」「趣味を充実させたい」「素敵な住居に住みたい」……など、多岐にわたりはいたします。

が、それらの欲望をもつに至った初発の理由は、それによって、自分が有力であると実感できるからにほかなりません。つまり、それによってこそ自分の生命力が、「他の人々よりも強力であり、価値があるのである！」とプライドを満たせるからでしょう。

フリードリッヒ・ニーチェであれば権力への意志と呼んだであろうような、この生命力への欲望。その背後に隠れているのは、そうやって大雑把に生命力の強大化を欲望するように仕組むことで、確率的に少しでも長く生きられるように願う、自己保存欲求なのです。

ところが、です。知らず知らずのうちにこうして、私たちが生命力を維持、拡大しようとして、必死に働いたり、恋したり結婚したり、趣味に精を出したりしているわりには、それは果たして生命体の作戦＝思惑通りに老・病・死に徹底抗戦することに成功しているかというと、誰もが結局は大差なく老い、病み、死んでゆくのです。その意味では、私たち誰もが生命のいわば「死にたくない作戦」の思惑に沿ってあくせくさせられてはいるものの、その作戦は絶対確実に挫折するように定められているのです。

「人があれこれ考え工夫してみたところで、結果は人の思惑とは違うものとなる」という初めに掲げた言葉を、私としてはこのような絶対確実な挫折として、捉えてみたいと思います。うーん、絶対に遂行できない作戦をやらされているなんて、理不尽極まりないことですねぇ。

仏道における〝作戦変更〟はと申しますと、このようにどの道達成不可能なゲームをやることの不毛さを思い知ることを通じて、こんなゲームはやりたくない、という厭離《おんり》の心を生じさせ、むしろ生命力への執着を手放してゆくことへと、心を転換させてやることにあります。

どんな生命力増幅の思惑も、究極的には挫折するのだから、煎じ詰めるなら無意味である。そうして手放すことで生命力の炎が吹き消された、心の平安《ニルヴァーナ》の中へと至ること。それは諸行（＝すべての、心を突き動かす生命エネルギー）は無常（＝変動し続け安定しないがゆえに、「確固たるもの」を拠り所としたいという、心の根源的思惑を裏切り続ける）である。それゆえにこそ、諸行は皆苦であり、追求するに値しないと思い知ろうという、仏道の中心的課題に重なります。

ちなみに、一般に〝一切皆苦〟と訳されている言葉は、便利なので私自身もよく使いはいたしますが、インドの原語に立ち返りますと、諸行皆苦とするのが適切です。〝諸行無常〟〝諸行皆苦〟と並べるとよくわかるように、「無常」と「苦」というのは同じく行《サンカーラ》（生命エネルギーの衝動）について言われており、どちらもサッベー（＝すべての）・サンカーラ（＝生命エネルギーの衝動は）までは同じで、述語がそれぞれアニッチャー（無常）、ドゥッカ（苦）と異なるだけなのです。

ですから、それぞれを「諸行無常」「諸行皆苦」として並列してみますと、それらが呼応して、そこに込められているエッセンスがスッと心に響きやすくなるかもしれません。すべての生命エネルギー衝動は、安定せず思惑を裏切り、苦しみのもとになるのだ、と。

ここまで、原理的なことを記してまいりましたけれども、生命力を守《も》り立てようとする思惑は、上述のような根源的な意味で必ずや挫折する定めであるうえに、どうやら現代では、さらなる皮肉な挫折をもしているようです。

ある現役の医師が書いた本で、「癌の健康診断など受ける必要はない」と主張されていたのが印象的でした。その論拠はというと、健康診断で見つけられるようなレベルの初期の癌のほぼすべてが、実は放っておいても自己治癒するようなものにすぎない、とのこと。

私は専門家ではありませんのでそのことの真偽はわからないものの、その著者の主張によると、そのようにして本当は治療の必要などない癌を治療することにより、高額な治療費を払ったうえに、さらに副作用の強い治療によってまさに健康を害するハメになっているというのです。ただ、それを止《や》めてしまうと、ほとんどの医療機関が倒産してしまうほどまでに、無駄な治療をすることに医療産業全体が依存してしまっている、と指摘されています。

もしそれが本当だとすると、「早めの検査のおかげで癌が見つかって、治療は苦しかったけれど治ってよかった」などと芸能人が誇らしげに報告してくれたりしているのは、ずいぶん的を外したものになっていることになりそうですね。時間とお金と健康リスクを払って無意味な施術を受けて、喜んでいるのですから。

こうして、私たちが「健康であらねばならぬッ」という思惑によりあれやこれやと、医療機関に頼って最新の工夫を重ねれば重ねるほど、結局のところ思惑は挫折するのです。西洋の医療が、人の思惑により外部から強引に働きかけて身体に負荷をかける傾向にあるのに対して、伝統的東洋医術は、身体に最小限の刺激を与えてやることにより、自我の思惑とはかかわらず体の自然な自己治癒力に任せるのを大切にする、という顕著な違いがあることも、示唆的に思い起こされることです。

21　「自分独自の生き方」に執着しないことこそボケ防止になる

白髪と立派なヒゲをたくわえて、
単に老齢を迎えたからといって、
長老と敬われるわけではない。
智慧なくしてただ高齢になった者は、
「空虚な老いぼれ」と
軽蔑されるのみ。

『法句経《ダンマパダ》』

ある日、旅先のさびれた温泉旅館に宿泊しておりましたら、夜になると母屋のほうから、なにやら女の人の大声が聞こえてきます。

気になって耳を傾けてみますと、どうやら宿の女将《おかみ》さんとその実母が会話しているようです。女将さんの怒ったような大声だけが聞こえてくるので、お母様が何を話しておられるのかは直接にはわからないものの、女将さんのセリフから、大まかに推測はできるのでした。

「私は〝マルエ（仮名）〟です。あなたの娘！　あなたのお母さんはねぇ、もういません、ずっと前に亡くなったの。あなたが十三歳なはずないでしょ。鏡見てごらんなさい、八十歳過ぎたおばあちゃんでしょ。だから……！　私はあなたの娘です」

いやはや、どうやらお母様の心の中では、自分が十代の少女だったころの記憶が〝現在の現実〟ということになっているようで、そうであるからには、自分に五十歳過ぎの娘がいるということなど、あり得るはずがないことでしょう。ですから、自分の娘のことが誰だかわからない。

「あなたのお母さんはねぇ、三十五年も前に亡くなっちゃったでしょうがね。あなたのお母さんはもういません！」

という声の合間に、よく耳を澄ませてみますと、老婆のかぼそい声で「オカアサン……」「オカアサン、ドコ……？　サビシイ……」と、すすり泣くような声が聞こえてまいります。「あなたのお母さんは亡くなりました。私はあなたの娘」と、同じセリフを一時間も言い続けた女将さんも、やがてはさすがに諦めたのか、作戦を変更されたようです。

すなわち、「あなたのお母さんは亡くなったから」といくら言っても、「いるはずなのに、どこに行ったの？」と納得してくれないのに対して、「あなたのお母さんはお仕事で疲れて、隣の部屋で横になっちょってです。疲れきって寝ちょってやから、起こさんようにあなたももう静かにしてください。みんなもう寝ちょってやけぇ、あなたももう寝てください。明日の朝になったら、あなたのお母さんに会えますから」と。

その後もしばらく「オカアサン、ドコ……？」と「みんな寝ちょってやけぇ、あなたも早く寝てください！」という、とぼけたやりとりがしばらく続けられて、やがて老婆が眠りに就いてついに、宿に静けさがやってくるのでありました。

私はその宿に五泊ほど宿泊しながら、執筆や坐禅修行をしていたのですが、右記のような大騒ぎが、ほぼ毎晩のごとく繰り広げられるために、いったん眠りに就いてから、その声で目を覚ますことも何度かありました。そうして毎夜毎夜、母と娘の噛み合わないやりとりを耳にしておりますと、約二時間から三時間にわたり続けられる会話内容が、ほぼ一言一句といってよいくらいに、ほぼ毎回同一の、決まった文言によって成り立っていることが気づかれます。

あまりに何度も同じ文言を聞いたものですから、先述したセリフは、ほぼ原文に近い形でありまして、それくらいすっかり暗記してしまったくらいでありました。

さて。ここで女将さんの関心事は、自分の母親が娘である自分のことを、娘として認知できず、ただのオバサンとして見ていることを耐えがたく思われていることが、よくわかります。

それが悲しいことに加えて「八十歳を過ぎているのに自分を十代だと思っていること」ですとか、「すでに死んだはずのオカアサンを、いまでも生きていると思っていること」など、事実に反したことを考えていることが我慢ならず、何が何でも訂正させたい、という強い気持ちゆえに、ついついキツい、大声で怒鳴ってしまうのでしょう。……その女将さんも、普段はとっても気さくで陽気な、面倒見の良いかたでありますのに。

けれども、自分自身の脳内に刻印された記憶の中に飲みこまれてしまっていますと、その記憶に合致する形でしか、現実を認識することができないのです。ですから、どんなに娘（といっても、彼女には見知らぬオバサンにしか見えない）が、「あなたは八十過ぎのお婆《ばあ》ちゃんでしょ」と言って鏡を突きつけても、「おかしいなあ、自分がこんな顔のはずがないのに……」と首をかしげるだけなのです。あるいは、「あなたのお母さんは死にました」と宣言されても、十三歳だったときの彼女がいきなりそう言われても「嘘に決まっている」と思ったであろうのと同様に、信じられない、という態度を示すだけなのです。

この、圧倒的な〝伝わらなさ〟に、女将さんはやりきれない思いをされているようで、それは「自分の親はちゃんとしていて欲しい、認知症などにならず立派であって欲しい」という願望があるからこそなのでしょう。認知症となり、現実を記憶とごちゃ混ぜにしてしか認識できなくなっているのは、わざと娘を困らせるためではないにせよ、ついつい、「わざと私を困らせたいのでは？」と錯覚してしまう瞬間も、きっとあるのではないかと測察されるところです。

けれども老婆にはおそらく、十代のころ自分の母親との間に満たされぬ想いを抱えたままになっていて、その愛情への渇愛すなわち飢え渇きが強烈な業《カルマ》となり、認知症となったいま、ひたすら心の表面を、その想いが支配している、ただそれだけなのです。

ですからできることなら、彼女を介護して差し上げる立場に立つときは、「あなたのお母さんは死んだ」と、決して届かない言葉をかけ続けるよりは、「お母さんどこ行ったんだろうねぇ、さみしいの？　かわいそうにねぇ。私でよかったら一緒にいてあげるからね」と、十代の少女の心に寄り添ってあげることのほうが、ずっと有益でありそうに思われます。相手の心にあわせて、相手はもはや自分の母ではなく、かつて母であった、いまは身寄りのない十代の少女を養う養母になろうという、発想の転換ができれば、優しい気持ちになれるのではないでしょうか。

……なぁんて、偉そうなことを申せるのもきっと他人事《ひとごと》だからには違いなく、もしも私の父や母が認知症となり似たような状況に立たされたならば、悩んだり怒ったりせずに「子供に戻ったこの少年、少女たちを養う養父になろう」と思えるかどうか。それはいざ実際に直面してみない限りは、何ともわからないところではあります。

何はともあれ、せめて自分の将来、認知症にはならずに死んでゆきたいものであり、それは多くの人が同じ思いでありましょう。先述の女将さんは、「母は多趣味でしたがボケよったからねぇ、趣味があればボケんとか、ありゃ嘘よ」と仰っていました。そう、ボケないためのヒントは、趣味などよりむしろ、枯淡《こたん》な、しかし智慧の伴った生活のほうがよほど有効なのです。

なぜなら趣味や「自分独自の生き方」に執着すればするほど、世界をありのままにではなく自分のフィルターを通じ歪《ゆが》めて受けとる力が強まります。そして、自分独自のフィルターとは、ほかならぬ私たちの記憶のことなのです。

ゆえに、人は年をとればとるほど記憶が増えてゆきますから、その記憶に絡めてしか物事が認識できなくなってゆくものです。それが強まりすぎると、挙句の果てには記憶というフィルターの威力が支配的になりすぎて、もはや新しい現実を認識できなくなるのでしょう。

ですから仏教的に考えると、認知症とは「記憶＝過去＝自分の考え方」への執着が強くなりすぎた状態だと申せそうです。

ボケ防止には、過去にとらわれず、《いま・ここ・この瞬間》の出来事を、淡々とありのままに見つめ受け止めようとする智慧が最良の薬となるのです。

ええ、冒頭のブッダの言葉に立ち戻るなら、ただ老いてボケた人になり、「年長者なんだぞ」と威張っても、むしろ見下されて終わるだけでありまして。枯淡な、長老らしい抑制のある生き方をしてはじめて、一目おかれる老い方もできるというものでしょう。

22 《いま・ここ・この瞬間》に専念すれば、すべての不安は消える

「私はこれをやった。次はこれをしよう。
その次は将来にあれをしなくては……」
こうして先のことばかり考えていて
「いま」に心がない人を
老いと死があっさりと殺してしまう。

『感興偈《ウダーナヴァルガ》』

日本が十数年後には超・少子高齢化社会になるとか、そのころにはずいぶん多くの世帯が独居老人の単身者世帯になるとか、そんな話題が新聞や雑誌に取りあげられているのに、しばしば出会うようになりました。

それにあわせて、今後の老人ホーム不足や介護施設不足と、それらの質の悪さが指摘されてもおります。老後に、良質の介護サービスを受けながら暮らしてゆくには、いくら貯蓄が必要になってくるなどという情報もあふれていて、それが数千万だったり、一億円を超えていたりするため、老後のことを心配する気分に陥る人も、多いのではないかと思われます。実際、老後のお金が足りないのでは、という不安を、ときとして若い人たちからも耳にすることがあるくらいです。

今後の日本社会で、介護がどんどん巨大なビジネスマーケットになってゆくのは確かでしょうし、そのサービスを受けるためには、けっこうな財産を持っていなくてはならなくなるのも、おおむね、間違ってはいないでしょう。

ただし、なぜ誰もが「自分はボケたり不随になって、介護を必要とする老年期を送るだろう」という将来予想図を、いつのまにか描いてしまっているのでしょうか。ある意味では、社会的に誰もがそのようにマインドコントロールされているせいで「将来ちゃんとした介護が受けられるのだろうか」と、心配するハメになっているように思われるのです。

それは換言すれば「将来、何歳になってもボケないで明晰な意識を保っていられるようにしよう」「介護など必要としないほど、健全なまま死んでゆけるよう、身体をメンテナンスしておこう」という、概念や信念が欠けているということでは、ないでしょうか。

「ボケ」については既に記しましたが、筆者の仮説によれば、ボケとは、外界から入ってくる新たな情報刺激をまともに受けつけなくなるほどに、本人の思い出＝記憶情報がいっぱいいっぱいに、心を支配している状態と思われます。

仏教においては、思い出＝過去は焼き捨て、いつだって《いま・ここ・この瞬間》における、自分の行動、言葉、思考へと集中してゆく生活態度が求められます。そうした訓練を続けることで、記憶＝思い出の支配力を弱めてやることができます。

そのことは、脳科学の知見からも、立証できそうです。というのは《いま・ここ・この瞬間》に専念しているときに分泌される脳内物質セロトニンの作用のひとつに、海馬の働きを抑制する力があるのです。

海馬とは、記憶に関わって、情報の必要性を仕分けする脳部位です。セロトニン分泌が高まると、記憶に関わる海馬の働きが抑制される、ということは、なるほど、記憶＝思い出の支配が弱まり、意識が明晰化することだと、捉えることができそうですね。

仏教の知見からしますと「いま、この文字を見ている」とか「いま、ページをめくっている」とか「いま、自分は疑問に思っている」とか、という形で、心を「いま」「いま」「いま」「いま」とばかりに、「いま」に密着させているなら、自分を縛りつける記憶から、心をチョキンと切断して活き活きとしていることができるのです。

私もいま、そんな話題を記しているおかげで、「このペンを握って、紙に文字を記しているいま、ここ、この瞬間」という具合に執筆しております。そうしているとき、頭がすこぶる冴えているのです（できればいつもその状態でいられると良いのですけれども、ねえ）。

さて、こういった、頭を冴えさせる精神姿勢に反して、心をボケへと向かわせるのは、過去のことをダラダラと思い煩ってみたり、もしくは過去の栄光を思い出して、自分がどれほど立派だったかをつらつら考えたり、他人に自慢して聞かせることでしょう。それを繰り返すほど、頭の中では過去の情報が「より重要なもの」として位置づけられ、反復してそのことばかりを考えるようになります。ちなみに、海馬が「重要」と指定した情報ほど、より高速に、そしてより強い電気信号（活動電位）によって情報伝達されるようになるものです。その現象によって、同種の情報ばかりが反復して考えの中に現れることが増強され、それがあまりにも強まりますと、外部からの新たな情報が入ってきて伝達されるのが、抑制されることになるのではないでしょうか。う～ん、得てして人間ってやつは、年をとってくると過去のグチと、過去の栄光の自慢話にひたりがちなものですが、それは記憶を「増強」して、ボケへと一歩一歩進んでいるのかもしれないのですから、要注意ですねぇ。

それはまた積み重ねでもありますから、なるべくまだ若いうちから、過去のことは常に切断しながら、絶えず「いま」のうちにある生き方をしていたいものですね。思い出の品はどんどん捨てる。捨てて捨てて、過去がどうあれ、いまの行動と言葉と思考を、生きる。

それを生活の指針にして生きよう、と決心した途端に、ボケることなど、心配する必要がなくなるのです。いえ、いやはや、実際にはもしかしたらボケるかもしれないにしても、「ボケないに違いない」という「信」が得られて、安心が生じることでしょう。

そしてまた「いま」を生ききるという感覚からしますと、仮に倒れて助けてもらえないまま息絶えたとしても、何か問題があるでしょうか？　世間では孤独死を、非常に恐ろしい、あってはならないもののようにあげつらう傾向がありますけれども、それも一種の社会的マインドコントロールを受けてのことのように思えるところがあります。多額のお金を払わなければ介護してくれないような社会に対して、自分の生活の基礎を委ねてしまい、生きることの誇りを失うくらいなら、自分で自分のことができなくなった時点で、人知れず死んでゆくというのは決して、惨めでも何でもないと思うのです。

私は、人の一生とは要するに、死の間際に「自分の人生、これで悔いなしッ!!」と笑えるなら良し、と考えます。ですから、世間のマインドコントロールを解いて、孤独死するにしても自分はその直前まで「いま」を生き抜く以上は、どう死んでも笑えるからOK！

そう、思いきれた時点で、私たちは老人ホームだの介護などといった辛気くさい話題を、今後死ぬまで気にせず生き抜くことが叶うでしょう。ええ、それゆえ私も、気楽なものなのです。

第三章　〝死〟への恐れを超越する

23 人間に生まれたのだから自己修養しないのはもったいない

自分の内面を観察せず、
自分の内面がどうなっているのかに
気づくことなく百年もダラダラ生きるより、
自分の内面を観察し、
心の中がどうなっているか気づいて
たった一日生きて死ぬほうが優れている。

『法句経《ダンマパダ》』

我が国の仏教諸宗派の説く内容は宗派ごとに著しく異なりますけれども、すべての宗派共通で唱えられる三帰依文というものが存続し、その冒頭は「人身受けがたし、今すでに受く。仏法聞きがたし、今すでに受く。この身、今生に向って度《ど》せずんば、さらにいずれの生に向ってかこの身を度せん」というところから始まります。

おそらく仏教関連のかたでなくとも、齢《よわい》を重ねる中で、法事の席などでお坊さんが唱えているのが、うっすらと耳に残っているのではないでしょうか。

この冒頭部分が意味するところが文字通り「人間の身体を得て生まれ変わってくることができる確率は非常に低く、有り難いことでありながら、私はいまこうして、人の身体を受け取って生まれてきた」ということです。

現代においてごく平均的な知識を持っているかたなら、私たち一個人が誕生するためには、膨大な量の、父親から発射された精子群の中から、ただ一個のみ、もっとも勇壮（?）かつ速やかに母親の卵子へと到達したものだけが受け容《い》れられて受精卵となることを知っております。その行程を拡大して見せるビデオを小学校のときに見せられ、「ああ、このうちちょっとでも違う精子が先にゴールしていたら、違う子供が生まれていたので、自分はこうして生まれてきていなかったのだなあ、と感動しました」。……そんなもっともらしい感想文を書いて提出したものでありました。

確かに、その見方によっても、自らの生誕が非常に稀有《けう》なことであることを再認識することができるでしょう。けれども、仏教で言うところの「人身受けがたし」は、これとは少々ニュアンスが異なります。

と申しますのは、周知の通り仏教ではすべての生き物が天人・修羅・人間・動物・餓鬼・地獄の六つの生存次元を経めぐりながら生まれては死に、死んでは生まれ、を繰り返していると、捉えているのです。それを前提に申せば、「人身受けがたし、今すでに受く」とは、天人・修羅・動物・餓鬼・地獄という人間以外の次元に生まれるほうが、人として生まれるよりもはるかに確率が高いのに、奇跡的に今回は人として生まれ変わった、ということとなります。

なにしろ、全生命体の数は変わることないままに、虫になったり餓鬼になったり地獄の亡者になったりと変化を繰り返していると言われる中で、人間の数は相対的に、ものすごく少ないように思われます。六十億を超える地球の人口は増えすぎであるように感じられるのも確かですけれども、人一人の腸内に住む細菌の数だけでも数百兆個と言われ、家の庭にいる小さな虫たちのコロニーに、いったい何匹の虫たちや微生物が生息しているかを想像してゆくと、それらの数に対してたかだか数十億というのは、圧倒的に少ないことがすでにわかるでしょう。

ちなみに、人間として生まれるためには、三つのパターンがあります。三悪趣と呼ばれる地獄・餓鬼・畜生の状態での寿命が尽きて、苦しみを負う業《カルマ》が消えたことによって、人間へと言わば「上がってくる」場合がひとつ。それから天人・修羅といった高次元の状態での寿命が尽きることによって、人間へと「下がってくる」場合。そして、人間から人間へと、言わばスライドする場合の三つです。

世にあふれるスピリチュアル系と呼ばれる人々は、前世を語る際に決まって「中世イギリスの騎士だった」だの「非業の死を遂げた神官だった」だの、なぜか前世が人間であることを前提に語られているような気がするのですけれども、仏教的世界観では「いや、前世はコオロギだったかもしれないし、六欲天の次元の神だったかもしれないし、肉用に太らされて殺された牛だったかもしれないし……」ということになります。

ここで留意したいのは、寿命が尽きる瞬間に意識に焼きついているイメージに従って、それに相応しい生まれ変わり方をする、とされていることです。人間として生きていると、たいていは他人と争い（同僚と、家族と、友人と）張り合いながらイライラして生き、自分の好きなように生きようと欲を追求し、欲と怒りの悪業を心にたっぷり焼きつけてゆくものですよね。

慈《やさしさ》や悲《あわれみ》といった、安らかな心もときには心に焼きつけるものの、大部分の思念は「こうしたい、こうなりたい」という欲と、「あの人がイヤ、あれがイヤ、あれが邪魔」という怒りで満たされてしまいがちなものなのです。

したがって、平均的な現代人であれば死ぬ瞬間の〝走馬灯〟最後のイメージは、「こうしたかったのにィーーッ」という欲の執念や、「あいつが許せないィーーッ」という怒りの執念になってしまいがちなことでしょう。

そういった欲や怒りが強大な場合、より強大な死者から順に三悪趣へと堕《お》ちる、とされています。地獄や餓鬼という次元は地獄絵に描かれるような具体的な世界があるわけでなく、人や動物のような身体を持てずに、思念だけが波として残存し、心に焼きついた欲や怒りに応じた悪夢のような幻覚を、ひたすら見続けなければならない状態だと考えると良いでしょう。

さて、三悪趣の受け皿が膨大な数ある一方で、私たちが臨終する時期に、新しく受胎する人間の子は、ほんのちょっぴりしかいません。そのタイミングに生まれている虫や細菌はあまりにたくさんいますし、ましてや餓鬼や地獄の場合は新しく生まれる身体が必要ありませんから、いっそう容易に転生できます。

以上をあわせ考えますと、もう一度人として生まれるためには、ある程度、動物的な攻撃性や欲求といったものを抑制して平穏に生きることや、ほどほどに他人や他の生き物への慈悲の心を育て焼きつけておくことが必須条件となり、そのためには仏教徒である必要はありませんけれども、何がしかの精神修養や自己鍛練が必要となるのは確かでしょう。

そしてまた、人間の平均的範囲を超えて徳が高すぎたり、あるいは人に生まれる程度の業《カルマ》を備えていても、死んだ時期に新しく条件のあう人間の子が生まれなかったりすると、やはり身体のない思念のみの状態で残存し、過去の善業に基づいて安らかなイメージや心地よい感情ばかりを繰り返し感受することになる、とされています。この状態を、神々とか天人などと呼ぶのですが、この次元にも寿命があり、やがて業《カルマ》が尽きると、今度はうまく人間の枠があれば人間へとランクダウンする、と。

こうしてみると〝人間〟は最上位ではない。にもかかわらず仏教では人間だけが特別扱いされる理由は、神々はひたすら安楽さを楽しみ寿命を待つことしかできないのに対して、人間だけが「自分は苦しんでいる」「喜んでいる」といった自己観察をすることができ、それにより自己修養をおこない「悟り」を得ることができるからです。人生、たった七、八十年くらいで終わってしまえば、ひょっとすると次は何万年も、何千万年も人間になるチャンスは巡ってこないかもしれない……という世界観を持ってみるなら、いまこそ時間を無駄にせず内面を観察し、業《カルマ》を変えてみようと発奮できようというものではありませんか。そんな心で、冒頭に掲げたブッダの言葉を読み返してみてくださればと思う次第です。

24　人生は生まれた瞬間から死ぬときまで、思い通りにならないもの

人は生まれたくないと思っても叶わず、
老いたくないと思っても叶わず、
病みたくないと思っても叶わず、
死にたくないと思っても叶わない。
これが求めて得られない苦しみである。

『大念処経』

そう、よくよく考えてみれば、「さあ、生まれよう」と自分で望んで生まれてくる人は、誰もいません。むしろ、第一章で考察したように、生まれる前のほうが羊水の中で安全安心に保護された快適さの中におり、生まれるのはそれを失う、トラウマ的な受難とも申せそうな（つまり、生まれたくなさそうな）ことでもあるのです。

冒頭に引いた文言は、求不得苦《ぐふとくく》、つまり叶わぬものをないものねだりするがゆえに生じる苦しみ、についてブッダが解説しているくだりです。

「生まれたくないと思っても叶わない」とは、受動的に生みおとされ、自分で選ぶことのできぬままに、このしんどい人生を強制的に始めさせられる受難、とでも解しておきましょうか。スタートからしてこのように、思い通りにならないこの人生は、その後もひたすら、思い通りにならないもの。

徐々にこの身体が老い、しわが増え、節々が痛み、動きがスムーズでなくなっていくのを、嬉しいと思う人はいないことでしょう。以前に記したように、「長く生きのびたい」という生存本能にとって、老いるということは死に近づいていることを予感させますから、嫌悪の対象となるのです。

ここに大いなる苦しみの原因がある。なぜなら、強制的に老いていくよう身体にはプログラムされているにもかかわらず、心は「老いたくない」と嫌がるようにプログラムされているのですから。

つまり、「必ず老いる」という現実と、「老いたくない」という希望がぶつかって、必ずや思い通りにいかずに苦しむ、というように、定められていると申せましょう。

こうして強制的に生まれ、強制的に老いてゆくという受難に加え、誰もがだんだん身体を病んでゆくものです。現代の日本ではお医者さんの数が足りずに、病院ではひたすら待たされるほど患者がたくさんいると耳にいたしますが、これは誰もが「病気は嫌だ、治りたい」と思っている証拠ですね。

けれども、この身体とはどんなに健康体であってすら、必然的に壊れていき、病んでゆくようにできているのです。強制的に病んでゆくのは、必然なのですけれども、健康でありたいという執着が強いほど、病んでゆく現実を受け入れられず、精神的に強い苦しみを受けることになってしまいます。

こうして、生まれるのも老いるのも病むのも、そして究極的には死ぬのも、自分の思い通りには、決してならないのです。老病死という、自《おのずか》ら然《しか》らしむる、自然の働きに対して、「こうしてくれ、ああしてくれ」と意識が無理な注文をするせいで、総合的には苦しみが増えているとでも申せましょうか。

ところがアンチエイジングにせよ、進みすぎた医療技術にせよ、中途半端に老いや病を思い通りに操れるかのように錯覚させるものが発達した結果として、現代人は我がままになり、自然の変化を、より受け入れられなくなっているように思われます。

根本的レベルでそれらが思い通りになる、ということは金輪際あり得ない。にもかかわらず、人間の力で介入して若く見せることや治療することに中途半端に成功すると、それに味をしめて、ますます「思い通りにならないと気が済まない！」という自己中心性が増大するものです。その分だけ、やがて強制的に老い、病み、死ぬ現実に直面させられる際に、思い通りにならなさに対して絶望を感じる。言わばそのための、伏線を用意しているようなものなのです。

老いてゆく自然に任せ、病んだときは鍼《はり》を打ってもらったり灸《きゅう》を据えたり、自然な治癒力を引き出す東洋的な処方をする程度にとどめるようにし、あとは自然に任せて死ぬときは、死んでやる。こうして、「思い通りにしたい！」を手放してゆく生き方でいれば自然に逆らわず、老・病・死ともっと仲良くできようというものです。

25 いかなる「考え」も、必ず変わる、空虚なものでしかない

なにかしらのことについて君が、
「Ａだ」と考えてその考えを
よりどころにしても、やがてそれは
Ａではなくなり、君を裏切る。
なぜなら君の考えは幻なのだ。
過ぎ去るものは、幻なのだから。

『経集《スッタニパータ》』より「二種随観経」

ここに訳出した偈文は『経集』の後半部分、「二種の観察」と呼ばれるパートの言葉です。いやはや、ぱっと見には、意味が取りにくいかもしれませんので、具体的な例を挙げてみることにいたしましょう。

私は十代半ばから二十代前半まで、文学青年を気取った価値観を持っており、なるべく年をとらないうちに自殺して、この世を去るのが美しいと考えておりました。ところが、実際に年を重ねるうちに仏教思想に触れるに従って、今ではすっかり「自殺は素晴らしい」という考えが、消え失《う》せてしまいました。今ではむしろ「自殺は悪業を積むことになるものだ」という考えが、この心の中にあります。

おそらく、若き、十八歳のころの私がもしもいまの私の考えを知ることができたなら、軽蔑するに違いありません。「この世の中にすっかり染まってしまい、反骨の精神を失ってしまったんだね……」とでもいった具合にね。

そのときの考え方に染まっている世界観からしますと、まさか自分が反対の考えに変わるなどとは、思いもよらないものです。けれども私たちの考えることはすべて高速度で微妙に変化し続けていて、それを止めるのは決してできないのです。

大雑把にみれば、十年くらいの時を経て反対の考えに至ったという大きな変化しか目に入らなくなるものですけれども、実際には心がちょっと刺激を受けるたびに、「自殺は美しい」という考えがより強くなったり、より弱くなったり、変化し続けている。ですから、その考えが私の場合では思春期にもっとも強まりピークに達してからは、頂点を極めたからには後は衰えるばかりなのです。

別の観点から申しますと、その考えを抱くことにより脳内で得られる快感の刺激がいったんピークに達しますと、後は脳神経がその刺激に慣れてしまうため、その考えに対して飽きてくるという形で、同じ考えをキープすることがだんだんできなくなるのです。

かくして、私たちが十年前に「絶対にAだ」と思っていたことはいまや「Aかもしれない」という程度に弱気になっていたり、「Aじゃないかも」とか「Aでないに決まっている」などと、別の思いこみに取ってかわられているものでありましょう。ということはまた、いま現在私たちが価値を見出して絶対視している考えも、十年後にはきっと、すっかり色褪せて別物へと成り果てていることでしょう。

ブッダが説いているのは、こうして「Aだ」と思ってみても、いつのまにか脳がAに飽きてしまい勝手に「Aじゃないかも」と考えを変えてしまうのは、この心にとって苦痛と虚しさを与えるものだ、ということです。

先ほどは、自殺についての十年ごしの変化という長期すぎる例を挙げてみましたが、短期でも思考はコロコロ変わりますよね。たとえば、家族から「あなたの性格は悪趣味すぎて、気分が悪くなる」と言われたとすると、その家族に対して「そんなことを口にするあなたのほうが性格が悪い！」、そして、「嫌な人だ、顔も見たくない」なんて考えたりもするものです。

が、その怒った思考による刺激もまた、ピークを迎えた後は例外なく、やがて衰えてゆく。無常、なのです。キープできない。すると相手の良い部分を思い出したり、相手が自分にしてくれたことを想起し始めたりして、「悪く思いすぎていた」「謝るきっかけを見つけたい」なんて風情に、こんどは好意のほうへと傾きがちなものですね。ましてや、相手のほうから謝ってきてくれたり、優しくしてくれたりされようものなら、その「快」の刺激ゆえに、考えが好意へと戻ってゆく速度が速くなるものです。

とはいえ、ここにはさらなる災難が……ッ!!　「仲直りしてハッピーエンド、メデタシメデタシ」ということは決してあり得ず、その嬉しさの刺激に脳が飽きてくると、何かの「不快」を感じるのをきっかけとして、次は再び「この人、嫌いだ」という思考へと入れ替わる定めなのです。トホホー。

煎じ詰めるなら、私たちは「この人、好き」という思考を固定することもできず、反対に「この人、嫌い」という思考を固定することもできず、細かく見るなら「好き」⇅「嫌い」が高速で入れ換わり続けているのです。

そしてこれは、よくよく観察してみるならば、けっこう苦しいこと。なぜなら「Aだ」と思ってもすぐに心は「Aではない」とズレてしまい、「Aではない」という考えに安定しようと願ってもすぐに今度は「やっぱりAだ」とズレてしまい、その「Aだ」に安定したくても、また「やっぱりAじゃない」へと、肩すかしを喰《く》らうのですからねぇ。

私たちの心は、「これこそ変わらない、確かな考え」を拠り所にして安定することを欲しています。だってねぇ、しょっちゅう違う考えに変わり続けていたら、ゆったり落ち着けませんものねぇ。

そう、変わるということは、心に負担をかけることであり、前の自分が死んで、いったん生まれ変わるという、いわば「小さな輪廻転生」が生じているのです。第一章では、私たちが生まれる以上は老いて死ぬ苦役を受ける、という、いわば「大きな輪廻転生」について記しました。そこでは生まれたら必ず老いて死ぬ、というのが心にとって苦痛であると述べましたが、それはこの「小さな輪廻転生」にもまた、当てはまります。

ある考えを持つ自分として自我が生まれると、その考えはピークに達した後は老い衰え、死んで、別の考えへと移り変わる……。その際には、前の考えを否定する衝撃が心に生じますから、ストレスが発生します。そうして生まれた新たな考えを持つ、新たな自我へと生まれ変わっても、結果はまた必ずや同じく、老いて死に、心にストレスをもたらすのです。

冒頭に引いた、ブッダの言葉に立ち返ってみましょう。こうしていかなる考えも、必ずや変化して、過ぎ去る、無常なものでしかないから、「考えは幻なのだ」すなわち、考えというものは空虚なもので、この心を裏切るものでしかないと宣言しているのです。

「この考えこそ確かだ」と思ってみても、それもまた過ぎ去るものである以上、私たちを「小さな輪廻転生」の苦しみへと引きずりこむ、空虚なものであり苦しみを生む元凶になるものなのだ、と。こうして輪廻を招く私たちの思考を「空虚」「幻」と喝破したうえで、次の第七五七偈では、こう切り返します。

「涅槃《ニッバーナ》は空虚ではない、幻でないたしかなものである」と。ニッバーナ（ニルヴァーナ）とは「火が吹き消された」という原義を持つ言葉でありまして、生きる欲望が吹き消されて、完全に静まり返った状態のことを指します。そこに至ると、もはや心が何かを「好ましい」「嫌だ」と思考することはなくなり、好悪の思考が消えるなら、もはやその思考に付随した自我は生まれません。

生まれない、ということは……、もはや老いません。もちろん、病みもしなければ、死にもしません。このように、いかなる自我としても生まれないことにより、老・病・死が消滅する、という理路こそが、仏道において「輪廻転生」を克服して不死の境地へ至る道筋を示しているのです。

26 どんな宝物も、苦しみのもととなり、ゴミとなる

「これは自分のものだ」と
思っているものはすべて、
君が死んだら失うことになる。
仏教徒はこの道理を知って、
「自分のもの」という
思いに屈してはならない。

『経集《スッタニパータ》』より「老経」

ここに引いたブッダの言葉は、私たち誰もがわかっているつもりで「いまさらそんな当然のことを言われても」と通りすぎてしまいそうなものではありますけれども、実のところ肚《はら》の底ではちっともわかっていないことがらであるに違いありません。

筆者にしましても、それなりに物に執着はないつもりではあるのですけれども、折りにふれて「ああ、実は執着していたのだなあ……」と思い知らされることがあります。

たとえば最近でしたら、新しく移転した矢先の道場に敷いた畳が、梅雨と（山の上ゆえの）湿気にやられてカビだらけになったのです。畳にびっしりと黒や白のカビがこびりつき、身体にはカビへのアレルギー症状が出てくるに及び、さすがに何とかしなくてはと、畳屋さんに手伝ってもらい晴れた日に畳をあげて外に干し、タワシでごしごしとカビをかき落としたものでありました。

それでもカビの勢いが止まらないものですから、いたしかたなくエアーコンディショナーを二台ほど取りつけて、除湿に設定してつけっ放しにするという作戦を実行して、ようやく収束に至った次第です。

が、問題は、最初にひどくカビてきたときに「ああ、せっかく新しくしたばかりなのに、ガーン」とダメージを受けたり、「この建物を何とかしなくっちゃ、うーん、どうしよう」とアレコレ考え悩まなくてはならなかったことです。それもこれも、「自分の家」という所有感覚がいつのまにか心にこびりついているからでありまして、私たちは家を所有するせいで管理する心配に見舞われることになり、心がそこに縛られてしまいがちなのですよね。

畑を所有すると、畑を管理する心配が増え、子供を「所有」したらしたで子供を望み通りに育てたいという心配事が生じ、お金を「所有」したらしたで、運用の心配や、たかられはしないかという心配が増えるのです。

こうして、私たちは心配事が増える面倒を背負ってまでいろんなものを所有しているのに、わりとすぐ私たちは死んでしまいますし、死んだらすべてを失うことになります。どうせ後で失う予定が決まっているものを巡って、空騒ぎをしているようなところがあるのです。

なおかつ、単に失わねばならないのみならずして、私たちの主観にとって大切に感じられていたものの大部分は、残された親族にとってはガラクタないし、ゴミでしかないものとして、立ち現れるものです。

たとえばどんな立派な食器も、机も、椅子も、あるいは車や家ですらも、継承する者の趣味にあわなければ、単なるゴミにすぎません。車や家など高価に転売できるものであれば歓迎されはするでしょうけれども、とは言え彼らにとっては車や家そのものは「いらない」ものなのであり、売り払って処分したいものであるという点ではやはりゴミなのです。何にせよ、自分が大事にしていた家や車が、我が死後に縁者によってあっさり売り飛ばされている様子を想像すると、誰しもあまり良い気分はしないものでしょう。

ましてや、レコードやCD、大量の本やクローゼット内の服、捨てられずにとってあった思い出の品々などは、自分の世界の内部では大事なものに見えても、趣味がやたらと多様化し細分化している時代であるだけに、他人の世界では興味の持てないものにしか見えないものです。それゆえ、それら遺品は遺族にとって、処分に困るゴミになるのです。

うーん、おそらくこうして残された多量の「ゴミ」に途方に暮れる遺族が多数おられるからなのでしょう。寺院住職向けの言わば「週刊誌」的な雑誌『月刊住職』の背表紙にはここ最近、遺品の処分に困っているかた向けに処分を代行するサービスの全面広告が、毎号載っているのを見かけます。

こうして、良くてもせいぜい売り飛ばされるか、悪ければゴミとしてお金を払ってまで捨てられるのがしょせん、自分が生涯をかけて集めた物質たちの末路なのか、と思い知ってみますと、いくぶん所有欲が虚しくもなり、中和されませんでしょうか。

それもこれも、親と子とても、違う主観を持ち違う視線で世界を映し出しているものであり、すべてにおいてぴったり好みが合致するなどあり得ないことに由来します。

私たちは決して正しく（仏教的に申せば主観を排して中立的に）ものごとを見てはおらず、すべての現象はあくまで「私にとって良い」「私にとって悪い」という見え方しかしていません。その「良い、悪い」は、あくまでも自分の有力感や生命エネルギーが増大しそうに感じられるか、減退しそうに感じられるか、という基準で決めつけられるものです。

その基準は、長い人生の中で人それぞれ、てんでバラバラに設定されてしまうものですから、一億人がいれば、一億通りの基準で世界を自分勝手に捻《ね》じ曲げているということになります。かくして、万人が自分なりに捻じ曲げた世界の中に閉じこもっていますから、私たちにとっての宝物も、他人にとってはゴミにならざるを得ないのです。

ここで、初めに掲げた「老経」の言葉の、前に置かれた言葉を引いてみましょう。「ああ、人の命は何と短いもの。百歳にもならず死ぬか、それより長生きしたとしても老いぼれて死ぬ。人は『自分のものだ』と執着したもののせいで、苦しむハメになる。所有しているものは、永遠ではないのだから。この世のあらゆるものは、存在したかと思えば次には滅び去ってゆくものなのだと観じ、仏道を歩むように」と。

そう、自分の死後にすべてを失うことになる前に、そもそも手に入れたものの価値そのものがこの心にとって変動し、すなわち「永遠ではない」ために、所有している最中にすでに、苦しみはやってきます。所有しているうちに飽きたり他のもののほうが良くなったり、もしくは先述のとおり物（家）が壊れたり荒れたりすることで自分にとって価値が下がったり……。それらの物を所有することに執着していた度合いが強いほどに、その価値を足場にして立つことになりますから、価値を失ったときに足場を失ってコケそうになるという、苦しみや嘆きが襲ってくるのです。

このようにして、生きているうちにすでに苦しみに満ちていて、死んだ後は他者への迷惑になりかねないような、諸々の物たち。この道理をよくよく弁《わきま》えてみましたなら、この短い命が終わる前に、ゴミになりかねない物はことごとく処分してしまうと良いのです。

そうしましたら、遺族への配慮になるばかりか、死の前に自分を縛っていた「自分の物だ！」という重たい思いを、手放して心持ちをスッキリさせてから、旅立てることでしょうから。

27 一度苦行を経験してみないと、苦行の無益さはわからない

修行者は、二つの極端にはまらないように。
一つ目の極端は、五感に快を与える俗な、
修行に役立たない娯楽に執着し耽《ひた》ること。
二つ目の極端は苦しい、修行に役立たない、
肉体を苦しめる苦行に耽ること。

「初転法輪経」

ここに示しましたのは、ブッダが悟ったのちに初めて説法したとされている「初転法輪経」の、出だしの部分です。

このすぐ次には、こう続きます。「私はこれら二つの極端に耽ることを離れ、中道《ちゅうどう》をずばり悟ったのだ」と。ブッダが、快楽と苦行を離れて中道を説いた、というのは極めて有名なことですから、そこに至るエピソードも恐らく多くのかたがご存じのことでしょう。

それゆえここではごく簡略に見てみたいと思います。彼は若いころ、富貴の家に生まれ、二十九歳で出家するまでの間、快適な感覚で五感を刺激し続ける生活を送っていたのでしたね。ただしその「快」ばかりの生活も、やがては老い、病み、死ぬことで失われることに気づいた途端に、虚しくてしょうがなくなり、ついには髪を剃《そ》って家を飛び出し、修行者になりました。

その後、二人の高名な瞑想の師匠に順に弟子入りして彼らの教えと瞑想を完全に修得したものの、それでも心の中にある虚しさや老・病・死への不安が解決しきれていないことに気づき、師匠の許《もと》を去ります。

それからは、当時インドの修行界でメジャーであった苦行に、ひたすら打ちこむこととなるのです。長時間にわたり息を止め続けるとか、くる日もくる日もひたすら断食を続けるとか……。

何年にもわたりそうした生活を続けた彼は、あばら骨が浮き出るほどガリガリにやせ衰えて、今にも死にそうなところまで追い詰められていたようです。

そこに、スジャータという女性が通りがかり、ミルクで炊いたお粥《かゆ》を差し出しました。それを受け取り食することで、彼は健康状態を回復、ただし修行仲間たちは、「お粥を食べる快適さに負けて、断食から逃げ出してしまった」と見なして、彼から離れていってしまいました。

かくして断食をやめて、菩提樹《ぼだいじゅ》の下で足を組み穏やかに瞑想しているブッダへと、悟りが立ち現れてきた、と。

こうしたエピソードを通じて、仏教においては苦行は無意味であり、快、苦を離れる中道を行くべし、と言われるのが常識のようになっております。私自身も、その中道の重要性は、いくら強調しすぎても足りないくらいだと考えているくらいではありません。

ただし、それでは数年間に及ぶ、ブッダの苦行は本当に無意味な、役に立たないものだったのでしょうか？　それを安易に無意味と切り捨ててしまうことで、何か大切なものを捨ててしまうということになりはしないでしょうか。

と申しますのは、菩提樹の下に座る彼に大いなる覚醒がもたらされるための条件が揃ったのには、「ここまで徹底して、死の淵に追いこまれるまで苦行をしてみたのに、それでもダメだった」という、肉感的な諦めが生まれたこと、だったのではないでしょうか。

人生前半で、快適さや快感に虚しさを覚えたのは、言わば「快では、人生の問題は解決しない」という、諦めであったことでしょう。そして次の数年間に、「苦を心身に与えることでも、人生の問題は解決しない」という諦めを得られたからこそ、快と苦にとらわれない坐禅瞑想へと至ることができたのでしょう。

この、中道への転回を図るためには、一回死にかけたことで徹底的に思い知ることが、実は役立っていると思うのです。

そんなふうに考えてみますと、日本の仏教史上の名僧たちの中にも、無謀なまでの難行苦行の挙句、死の淵に立たされて初めてカラリと悟りが現れた、という例がいくつか思い当たります。中でも私が好きなのは、江戸時代の盤珪《ばんけい》禅師です。

若き日の盤珪は、何日も続けて横にならず不眠不休、さらに断食をしてひたすら坐禅をし続ける、なんていう無茶を続けていたら、病気になりました。思いっきり、力んで無理矢理な修行をしすぎたせいで、神経を衰弱させて病んでしまったのでしょうねぇ。

そんなこんなで病いが重くなって、何も食べられなくなる。「もはや死ぬのだろうと覚悟して、思いましたのは『死ぬのに思い残すこともないことじゃけど、悟りたいという願いが叶わずに、死なななきゃならんのか』とだけ、思っていました。その死の間際のタイミングでひょっと、すべてのことは、不生《ありのまま》の心で整うものを、と気づいた。それを今まで知ることができずに、やれやれ無駄骨を折ったことよなあと思ったことでありました」(『盤珪仏智弘済禅師御示聞書』)

こう振り返って語る盤珪は、自分を変えよう変えよう、と力んで修行することこそが、自らの神経を過敏にさせて病と死へと追いやったことに気づけたからこそ、死の淵において「何も求めず一切の力みを手放した、不生《ありのまま》」という境地が開けてきたのでしょう。

「すべてのことは、不生《ありのまま》の心で整うものを」という彼の言葉は、悟りの本質をズバりと一言で、過不足なく突いている素晴らしいものです。

「不生」とは文字通り「生まれない」ということで、「このような私」とか「あのような私」として生まれなければ、すぐさま心の本質を悟って平安になるのです。

　では、どうすれば生まれなくなれるでしょうか？　心の中で生み出される欲求も苛々も混乱も、余所事《よそごと》のようにすべて放っておき、取り合わないようにしてやることです。

　すべての思考を他人事であり遠い出来事であるかのように放っている塩梅《あんばい》になってくるなら、いかなる思考も気分も、勝手に出てきては勝手に消えてゆくだけの、無関係な事柄と体感されてくることでしょう。その境地で坐禅をしているとき、仮に欲求が生じても、「私が、欲求している」とは感じられませんし、苛々が生じても、「私が、苛々している」とは感じられないのです。

　ただ単に、余所事のように「欲求という現象が通り過ぎてゆくなぁ」「苛々という現象が通り過ぎてゆくなぁ」と見えるだけで、「そのような感情を持った私」なる者は、どこにも見当たりません。つまり、いかなる思考も気分も徹底的に素通りするに任せるなら、心は何者としても生まれないし発生しないのです。

そうした修行がフッと体得されるとき、盤珪が「仏心は霊明《れいみょう》なものであって、すべての煩悩は仏心の鏡に映されると融《と》けて消滅してゆく」と言っている意味もまた、感得されることでしょう。

どんな思考が生じても、完璧に素通りするだけにしているなら、心の手元には、具体的な思考も気分も、一切合切、残りはしません。では、何もないのかというと、ただ鏡のように、すべての現象を映し出している機能だけが、残るのです。

それが心の本質中の本質でありまして、その鏡にありありと映されているなら、「私」でも何でもない余所事の煩悩たちなどは、ことごとく力を失って融解してゆくのですよ。

おそらく、盤珪は死にもの狂いで坐禅に明け暮れる中で、「頑張って悟りたい」とか「やり遂げるぞ」とかの、意識的／無意識的な思念の中にこそ「私」を見出していたことでしょう。そうした、言わば「張り」のあることほど、自意識を生成するのに都合が良いのですから。

換言すれば、そうした思念や情熱のある「私」として、生まれたつもりになっていたのです。つまり、そうした情熱に心が執着しているせいで、情熱の裏に隠れて働いている、鏡そのものを見出せなかったのです。

ところが、それだけ取り組みへの情熱に夢中になったにもかかわらず、結果は、これから死ぬという有り様。「あー、何もかも無駄だったのだな」と思った瞬間に、情熱や思考に執着してギュッと握りしめていた心の拳《こぶし》が、「あー、意味がないのだ」と、指の力をなくして握っていた思考をポロリと落としてしまうかのごとく、どうでもよくなったのだと思います。

どうでもよくなった結果、すべての思考への興味がなくなってしまえば、思考に入りこんで「私」を生み出すことがありません。ならば、「私」も誰もいない、ただの鏡のような空っぽの心が残って、それらの思考を無執着なままに映し出しているだけです。思考たちは、こうして映し出されたなら、クリーニングされてゆくのみなのです。

かくして、もう、生まれない。鏡には、目の前の様々な現象がその時々に映りますが、鏡そのものは無内容で、たとえ何が映っても鏡そのものには徹頭徹尾、何も生じず、「何者」かとして生まれはしません。生まれない以上、老いませんし、病みませんし、死なないのです。傷つきもしないし、不安もないし、恐れもない。

老いたり病んだり傷ついたりというのは、あくまでも鏡の表面に映る現象のレベルで発生する。それらすべての現象が「鏡」の心にとっては鏡の表面に映るだけであって、何が映っても鏡に傷はつかないとわかれば、すっかり安心できるのです。

「すべてのことは、不生《ありのまま》の心で整う」というたったの一言で、この、生まれもしないし、老いも病みも傷つきもしない、完全無欠な心の在り処を、端的に指し示してくれているのだと申せましょう。

盤珪もまた「やれやれ無駄骨を折った」と述べているものの、彼の転回のためには、この「やれやれ無駄骨を折ったことよなあ」と呆れてすべてを手放す感じに立ち至ったことこそが、必要不可欠な、パズルのピースであったに違いありません。

けだし、力んだり無駄に頑張りすぎたりすることの無益さを悟るためには、いったん真底から頑張りすぎて、それゆえあまりに苦しんで死にかけるくらいのことをしないと、なかなかわからないものでもあるのです。

そうした途中経過を抜きにして、ブッダや盤珪の悟った結果のみを有り難がっても、そこには何かが抜け落ちているのです。

その意味で、死や病の脅威にさらされてみることでこそ、迷いや執着がカラリと晴れて中道に着地できるという道理もあるのです。

28　輪廻があってもなくても、心を美しく保つことには意味がある

心が美しくなったなら、
次の四つの安心感が君にある。
もし業《カルマ》の報いと輪廻《うまれかわり》が本当なら、
君が信じようと信じまいと、
死後によい生まれ変わりをするだろう。

『増支部経典《アングッタラ・ニカーヤ》』

この言葉は、ブッダが善《よ》い業《カルマ》を積むことの意義を、すこぶるロジカルに四つの場合分けをして示しているものでありまして、訳文は拙書『超訳ブッダの言葉』のものをそのまま用いました（以下同様）。

冒頭で、①もし輪廻が本当なら、と場合分けした後には、②もし輪廻が嘘だったら、と場合分けしています。

「もし死んだら終わりで輪廻が嘘だとしても、（心を美しくしていたなら）いまのこの人生でイラつかず苦しまず安らぎがある」。徳を積んで、心の中に善い業《カルマ》の貯金があるなら、仮に死後がなくても、いま生きている間に心が乱れず安心しやすくなる、というメリットがある、と説いているのですね。

このことは、仏道において定《じょう》（集中力のトレーニング）と慧《え》（自己観察のトレーニング）の前に、戒《かい》（言わば徳を積むことのトレーニング）を置いていることと、対応していると言えるでしょう。

生き物を殺さないとか、事実に反することを述べないとか、悪口は言わないとか、そういった戒を自分に課すことの意味は、そうした徳を積むことで心が静かになり、静かになった心は集中しやすくなり、ひいては自己観察しやすくなるということだったりも、するのです。

ブッダとしては「輪廻がなかったとしても、集中力がつきやすくなるんだから善い業《カルマ》を積んでおいたほうが得でしょ?」とでも言っているかのごとく、説得しようとしているのでしょう。このような慎重な説法のしかたをしているのは、この説法がおこなわれた際の聴衆が、彼の教えに対して懐疑的な、異なる思想を持った人々であったからです。

次の場合分けは、③因果応報が本当なら。

「もし悪しき業《カルマ》が苦しみを引きよせるというのが本当なら、『(心を美しくしておくことで)悪いエネルギーをつくってないから苦しみはやってこないよね』と安らげる」と。

けれども因果応報を信じない人向けに、④因果応報というのが嘘なら、という場合分けも用意されています。

「もし悪しき業《カルマ》が苦しみを呼ばないにせよ、(心を美しくしておいたなら)『悪いエネルギーが貯まってないから心がきれいに澄んでいるよ』と微笑める」と。

もしも悪業の貯金を積み立てることが悪い結果を引きよせるという因果応報がない

のだとしてすら、徳の貯金をしているなら、自分の心が美しくなっていることを喜んでニッコリしていられるのです。

このように、徳を積むことのメリットには、最低でも②と④があり、業《カルマ》の法則が本当なのだとしたら①②③④すべてのメリットがあるのだ、と、理詰めで畳みかけているのですねぇ。こういった、まるで数学の証明問題でも解いているかのごとき論法は、やっぱりブッダはインド文化の人なんだなあ、と思わせてくれるところです。

ともあれ、「心が美しくたってそんなの何の役にも立ちゃしない」という根強い考え方に対して、徳を積み心を美しくすることは、大いに役立つのだと、我が内面に水をやり育てることへの力強い動機づけを与えてくれる言葉だと、申せそうです。
②と④だけでも充分動機づけになる、というのがポイントなのだと思うのですけれども、なおかつ①と③も加わるかもしれない、と思ってみると、より動機づけが強められて良き方向へと、背中を押してもらえるのではないでしょうか。
なにぶん、死後の輪廻があるかないかは目に見える形で他人に対して実証しようがないだけに「ある」と言い張りづらいところがある一方で、この脳には「死んだ後も生命が連続してゆく」という観念が生じやすいようにプログラムが組みこまれている

のは確かなことです。そうである以上は、誰しも心の中のどこかでは、仮に唯物論者であってすら、「もしかすると、死後生まれ変わるのかもしれない」と微《かす》かには思っているのではないでしょうか。

この「もしかすると」をもとにするなら、①と③を否定しきれず、生きている間に＝死ぬよりも前に、善い業《カルマ》の貯金を積み立てておこうという気分になれそうなものです、ね。

29　人間は生きながら自分を地獄界や餓鬼界に陥れている

業《カルマ》が滅びることはない。
それは追いかけてきて、
報いを受けさせられる。
罪を犯したら、必ず苦しみを受ける。
地獄に堕ちたなら、鉄の串を突き刺され、
鉄の槍《やり》で串刺しにされる。
あるいは熱した鉄の球を食べさせられるが、
それも業《カルマ》の報いとして受けるのだ。

『経集《スッタニパータ》』より「コーカーリヤ経」

年老いて死に、来世において馬やハエやアライグマ、あるいは地獄界などに生まれ変わる……。今回はそうした字義通りの輪廻転生についてに加えて、心理学的にみた生まれ変わりについても、考察してみましょう。

仏教では伝統的に「六道輪廻《りくどうりんね》」と申しまして、あらゆる生命体は業《カルマ》に従って、死後に地獄、餓鬼、畜生、人間、修羅、天界の六道いずれかに生まれ変わる、とされています。

ただし、今回の人生を生きている間にも、私たち人間はおよそこれら六つの次元を、あらかた体験しつくしているようにも思われます。

地獄とは、仏教的に考えてみますと、ありとあらゆる恐怖のイメージや責苦が、リアルな幻覚として目の前に再生され続ける次元です。「地獄」という実体的なスペースがどこかにあるわけではないのです。死後に思念のみが継続して、生前に体験したネガティブなイメージや恐怖体験やおびえなどの情報をランダムに合成し続けては、ひたすら悪夢のようなイメージの上映を見続けるような状態とでも、申せましょうか。

生前に、あまりにもネガティブな思考や悲惨なイメージなどを心に刷りこみすぎてしまい、死ぬ直前にもそうした思念でいますと、その思念がひたすら悪夢を見続けるようなことになるのだ、と。

さて、こうした説明をしてみて思い当たりますのは、人間として生きているうちから、すでに地獄界に生まれ変わっているかのように見える人がいる、ということです。

たとえば他の人たちが自分についてしゃべっている幻聴が聞こえて、誰もが自分の悪口を言っているような気がするですとか、あるいは麻薬の常習者が禁断症状に陥るときに、気持ちの悪い虫が自分の腕の上を、大量に這《は》っているのが見えて恐怖を感じるとか、そういったまるで「悪夢」のような事例は、現在ではあちこちで見聞することです。あるいはまた「幽霊の類にとりつかれた」と感じ、幽霊が自分を苦しめるのが見えるとか……。

目の前の現実よりも、心が自家生産する妄想のパワーのほうが強くなってしまいますと、このような様相を呈してしまいます。

ここでは極端な事例を挙げましたが、より仔細に考えてみますと、他人事ではありません。

「こんど失敗したらどうしよう」「あの人は自分を嫌っているんじゃないだろうか？」などと心配事をイメージして恐れるとき、多かれ少なかれ私たちは、しばらくの間、地獄界的な妄想を体験しているのです。あるいは、ある夜眠っているときに、夢の中で私は中学生時代に住んでいた古民家の中におり、多人数の殺人鬼組織が突入してきて、殺されそうになる恐怖を味わいました。なおかつ、助けてくれるかと思っていた父親に「責任をとって死ね」と突き放されて、絶望的気分になったのでした。

こうした夢を見るためには、その原材料となる思念や情報が、私たちの記憶にあることが必須条件となります。どんなにシュールだったり奇妙だったりする夢も、元は私たちの記憶の断片をメチャクチャに合成することによって作られているのですから。

そう考えますと、先述のような怖い夢を見るためには、そうしたネガティブなイメージを合成するような、ネガティブな思念を心に植えつけている必要があるのです。

こうした悪夢のことを考えてみただけでも、人間の心は望まずして自分からわざわざ、地獄の状態を作り出す能力を持っている、と言えてしまいそうです。悪業を積み重ねているなら、表面上はしばらく恵まれた生活を送れているように見えても、寝ている間に不安や罪悪感などが悪夢の形で押しよせてきて、〝地獄〟の責苦を負うことになるでしょう。

かくして、悪夢を見る能力を持つこの心だからこそ、そのパワーをあまり強くしすぎると、死後はひたすら悪夢のみを見続ける思念が残る。そう考えるのも、あながち完全に否定しきれないものがありましょう。地獄界における夢なら、無限に合成できますから、溶岩で焼かれて死んでも（夢の中で死んでも死なないのと同じで）死ねず、針で刺されても死ねず、ずーっと苦しみ続けるのです。

奇妙なことに、現代文化では恐怖やショックを与えるような音楽や、妄想を助長する物語や、おどろおどろしい映像や絵画があちらこちらで見受けられます。

こうした作品を喜んでつくる人の心は、すでにいくらか地獄界の症候を帯びているでしょうし、こうした作品を享受する消費者も、知らず知らずのうちに地獄界的マインドを刷りこまれているのではないでしょうか。

また次に、餓鬼道というのは、あまりにも強烈すぎる欲望を象徴しています。よく見られる、ガリガリにやせているのにお腹だけぷっくりふくれている餓鬼の絵は、あくまでも比喩的なものです。あまりにも空腹すぎてアレもコレも食べようとするのですが、何を食べても食べたものは胃に届く前に消滅するか、もしくは熱された鉄の球になって胃を焼くかする……。ので、永久に満足できることはない、という苦境の比喩です。

「あの人が欲しい」「こうして欲しい」「お金が欲しい」と、欲の思念が強すぎるなら、死後は「欲しい」がゆえの不満足感の思念が反復して「手に入れようとするのに、手に入れようとすると対象が消滅してしまい苦しむ」という、これまた地獄とは別のパターンの悪夢に苛まれることになる、といった具合でありましょう。

そしてこの、手に入らぬものを求めてひたすら苦しみ続けるという次元もまさに、現状社会の中に、遍《あまね》く見出すことができるように思われます。

自分のことを完全に受け入れてくれることは決してない親に対して、繰り返し愛情を要求しては挫折し、不満足感を感じ続ける子。何歳になっても、親に受け入れられようと同じパターンで立ち向かい、不満でいっぱいになり、文句を言い、ケンカになる……。あるいは果てしのない承認欲求で、インターネット上に日々の思いを書いては、他人に読んでもらおうとする人々は大量にいますが、「見てもらえた」なんていうそんな薄っぺらな承認感覚は、まさに食べるそばから消滅してしまう餓鬼の食物にも似て、決してこの心を満足させてくれはしません。むしろ空腹感を強めるのです。

かくして私たちは人として生きながら、しょっちゅう地獄界や餓鬼界に生まれ変わっていて、それはたいそう危険なことなのです。

30 人間は動物的悲惨も天界的至福も体験するが、すべては無常

瞑想状態で欲を離れ、思考が静まって、
至福感と安楽感のある第一の禅定に入る。
そのような者は、死して身体が滅んだのちに、
天界に生まれ変わる。

『中部経典』より「小受法経」

私たちが生まれ変わる六つの次元のうち、前項は地獄と餓鬼について記しました。引き続きまして、他の次元についても考察をしてまいりましょう。

畜生界すなわち動物界は、基本的に食欲、睡眠欲、性欲といった、生理的かつ本能的な欲求を中心とした世界です。動物にしても虫にしても、食べる↓寝る↓食べる↓寝る↓……をひたすら繰り返すのみで生きているのですから。彼らは、本能の命じるままに生き、本能から逸脱することはありません。

それに対して人間とは、岸田秀《しゅう》がいみじくも「本能の壊れた動物」と言い当てたように、食欲や性欲すら本能的にではなく、自分の個人的幻想を満たすために駆動されがちです。それゆえ欲望が本能のレベルをはるかに逸脱して強烈になり、自己破壊になりかねないほどに食欲や性欲に溺《おぼ》れもするのです。

動物の場合、ひたすら本能による「安全に生き残ってゆけるように」という命令に従って、食欲や睡眠欲は本能で定められた度を越すこともなく、性欲もまた本能で定められた発情期にのみ、決められた通りに生じて、発情期が終わると消滅します。

このように、畜生界の次元の本質は、感覚的快感を求める生理的欲求に支配されるまま、ということに見てとれそうですね。

そして、私たちもまた、人間として生きているつもりでも、心が畜生界的なマインドになっていることが、しばしばあることに気づかされるのではないでしょうか。

それどころか、先述の通り動物であれば本能で定められた欲求通り生きるのみですが、人間が本能を逸脱して、過剰なまでにグルメを追求したり過食をしたり、さみしさを紛らわすためにセックスに依存したりと、動物としての感覚的快感を感じることに夢中になることがあります。

そういったとき、私たちは動物よりもはるかに動物的な状態になっているのでありまして、心理レベルにおいて、畜生界の中に身を置いているのです。そのような業《カルマ》を積むことは、死後に動物や虫に生まれ変わるための前準備になっていると申せそうですが、それ以前に、私たちが人として生きているまっただ中に、そもそも畜生界的なマインドがあるのでありまして、感覚的な心地よさに執着しているとき、「ああ、いま、自分は心理的に動物に生まれ変わっているのだな」と自覚してみたいものです。

では、人間界とはどのような次元でありましょうか。人間の特徴は、先述のように本能が壊れていて「自分が素晴らしい存在でありたい」という、アイデンティティ欲求が本能以上に突出しているところにあるように、思われます。

言い換えれば、「自分はこんな存在でありたい」という、自我にまつわる抽象度の高い欲望こそが最重要視される。それゆえ、自尊心が傷つけられたのに対して復讐するためだったり、自分が正しいと思うことを貫くためだったりのために、人殺しすらおこないますし、そのために自分の命を失ってもかまわないほど、夢中になるのです。

また「こういう自分でありたい」というアイデンティティ欲求が強いからこそ、現実面で、思うように自己実現ができないとなりますと、自己否定感が現れてまいります。この自己否定感があまり強くなると「死んだほうがマシ」ということになり、自殺するということにすら、なる。

こうした人間特有の病理は、本能が半ば壊れてしまい、本能よりも「自分のアイデンティティ」という幻想のほうが、この心を強烈に支配しているからだと申せましょう。

いやはや、このように考察してみますと、人間界は動物界よりずっと悲惨な次元であるかのようにも見えますねぇ。ただし、前に述べましたように、こうしたロクデモナイ人間界も、ロクデモナイなりに、自分自身の状態を自覚し、自己観察することができる、という点で特別に貴い次元でもあるのです。それは、自分の心の仕組みを探求する、すなわち、修行することのできる、唯一の次元だということです。

思うに、こうした自己探求をすることができる理由もまた、本能が壊れてしまっているからではないでしょうか。壊れているがゆえにこそ、本能に従う以外の意識作用が発達して、「この心はいま、どうなっているのか?」を自覚する余地を生み出したのでしょう。私たちが心理的に「人間界」の中にいられるようにするには、この「自覚」を保つことがキーになると思います。

さて、仏教における輪廻転生では、人間界よりも上の次元として修羅界と天界というものを想定しています。どちらも、身体は持たずに思念のみが残存していると考えられる点で、地獄界や餓鬼界に似ています。

ただし、地獄や餓鬼が、前項で記したように、過去に記憶してきたネガティブな思念やイメージばかりを心がイメージ合成して悪夢を見続ける状態だとすると、天界の次元は、記憶の中から至福体験や安心感といった、安楽なイメージばかりを合成して、いわば大変に居心地のよい夢ばかりを見続ける次元なのだと解釈できましょう。

天界も修羅界も、いわゆる「神々」的な次元とされていますが、両者を区別するのは、天の次元ではひたすら至福のイメージが展開し続けるのに対して、修羅の次元では、他者の幸福を攻撃して打ち負かすことで快楽を感じるというサディズムが支配的なのです。そういった、サディスティックな夢を見続ける、思念のみが残った次元なのだと考えられそうです。

さて、天界の至福感とは、人間界的な自我の境界が溶けて、自分と世界が合一したかのような、一体感として説明できます。こうした、自分が溶けてすべてと一体化した感覚は、瞑想修行による集中状態において、しばしば体験できるものです。

瞑想中、「自分」という幻想の枠が消え、宇宙と自分がひとつになったような心地よさは、この心身を至福感で満たします。こうした至福感を瞑想中に感じているとき、実は私たちの心は天界の神々と同じ次元になっているのです。

死後の輪廻転生という観点からしますと、冒頭に示したブッダの言葉通り、こうした瞑想的な至福感や安楽感を継続して保っていた者が死を迎えると、死後もその安楽な思念のみが残存することになり、そのことを「天界に生まれ変わる」と表現しています。

が、仏教は、こうした至福体験や全一感といった天界的心理状態すら、手放して理想化することはありません。そうした天界的な心地よさもまた、あくまで生理的で一過性のものにすぎず、瞑想状態が変化するとやがて時間とともに消えていって、私たちをがっかりさせるものであることを、よく知っているからです。「諸行無常」に、例外はない！

それゆえ、天界的状態すら頼りにはならず、六つの次元は結局どれも不完全ではかないのです。

かくして地獄、餓鬼、畜生、人間、修羅、天の六道とは、私たちが日常でコロコロ、行ったり来たりしている次元なのでありまして、己を六つの側面から理解するのに役立つのです。

31　愛し、執着したどんなものも、必ず失わなければならない

悲しみ嘆くのはおやめなさい、アーナンダよ。
私は今まで何度も君に言ってきたでしょう？
愛し、好み、執着したどんなものであれ、
必ずや別れ、手放し、失わねばならないものだと。
すべての生じたもの、存在するもの、
つくられたものは壊れ、崩壊する運命なのに、
〝壊れませんように〟という願いが、
どうして叶うことがあろうか？

『大般涅槃経《マハーパリニッバーナスッタンタ》』

これはブッダその人自身が、齢八十にしていよいよ入滅しようとするに当たって、侍者である愛弟子《まなでし》アーナンダに切々と語りかけた言葉です。

アーナンダは、まだ悟りに至っておらず、それゆえ私たち同様に多くのことに執着していて、彼の先生であるブッダに対しても、大いに執着し、すがりついています。先生を生きるうえでの助けとして崇拝している以上は、その偉大なる先生がもうすぐ死を迎えようとするのに直面して、絶望してしまうのも自然な心情では、あるでしょう。

それでアーナンダは、「どうか私たちのために、生き永らえてこれからも法を説いてください」と泣きながら懇願するのですが、それに対してブッダが返した言葉は、「アーナンダよ、やめよ。君は誤ったことを言っている」というものでした。それに続いて、冒頭に掲げた言葉が語られているのです。すべてのものは壊れ、別離は必然と。

たいていの宗教では、永遠の命ですとか死なない魂だとか、死後の復活といった観念を持ち出して信者に気休めを与えるのが常であるのに対して、著しい対照《コントラスト》をなしているのが、おわかりいただけるのではないでしょうか。万物はひとつの例外なく無常、すなわち変化と崩壊の法則性に曝《さら》されている。そうであります以上は、この自然界の一部にしかすぎない人間も、悟りし人であるブッダもまたその例外ではあり得ず、死してもう還《かえ》らぬのだ、と。

もしも気休めでいい加減なことを言うとしたなら、アーナンダに対してこう言うこともできたでしょう。「私は死んだあと、永遠の命となって、君たちをいつまでも見守るから安心したまえ」とか、なんとか。

けれども彼はそのような発言によって、いつまでも弟子を自分に依存させ続けようとすることはしなかったのです。それゆえ、こう続けます。

「これから私の死後は、君自身を拠り所とし、君自身の心の中を貫く自然法則を拠り所とするのだよ」と。

すなわち、これからは先生にすがりつき先生のことを拠り所とするのはやめて、己自身の内面をこそ見つめ、己自身を拠り所に修行をするようにと説いたとも申せましょう。ブッダの十大弟子のうちで聞法第一と讃《たた》えられ、誰よりも多く師の説法を聞いてきたわりには、どんなに修行をしても悟れないできたアーナンダ。

おそらく、ブッダはアーナンダが行き詰まっている理由が、他者への依存、崇拝から自立できていないところにある、と見抜いていたのではないでしょうか。

アーナンダは「私たちのために生き永らえてください」と甘えたのだと捉えられるでしょうけれども、ブッダは言わば、その甘えを叩きつぶして自立させようとした。この人生はいかなるものとも必ずや別離せねばならず、そうである以上は、他者にすがっても必ずや最後には裏切られることになるのは必定《ひつじょう》です。他者に甘えても、一緒にいられるという幻想で心温まっても、最後の最後にはそれを失って、各自、独りで死んでゆくという苦しみを受けることになる。

ならば、他者に甘えすがるのは、結局最後は報われず、割りに合わないこととも、申せるかもしれません。結局は、誰もがこの宇宙に、独りぼっちで、絶対的孤独の中に生きているのです。この絶対的孤独を、ブッダへの崇拝によってごまかしていたアーナンダは、死の間際にブッダから切々と説かれて、言わば「ああそうか。宇宙に己一匹なのだなあ」という、神妙な心持ちとなったのではないかと、想像いたします。

さて、ブッダの死後、高弟たちで集まって教団の教えを確定しようとすることになりました。そのための「仏典結集」会議が開かれることになったものの、その参加条件は、悟り、解脱していることでした。まだ悟っていないアーナンダは猛修行を続けるのですが、会議前日になっても悟りは開けず……夜になってそろそろ眠ろうかと、横になろうとする最中に、ふっと忽《たちま》ち悟ったのだ、とされています。

彼がついに悟りを開いた原因は色々と分析できそうですが、ここでは先生の死を通じて、この宇宙に誰も究極まで頼れる人などいない、本当に甘えられる人などいない、という手厳しい真実にぶち当たり、その苦しみの中で、己の中に巣くっていた甘えを剔抉《てっけつ》できたからなのだと、考えてみたいと思います。

私たちは通常、「他人が良いことをしてくれた」「他人がこんなイヤなことをしてきた」と、この自らの心身の外ばかりに意識を向けており、それゆえ、他ならぬこの心身のなかにおいて何が本当に起きているのか、について鈍感になっているものです。

アーナンダは、完全なる孤独を突き詰めざるを得なくなることを通じて、己の中身を見つめることへと、今まで以上にずっと深く、深く、降り立つこととなったのでしょう。

こうして考えてみますと、ブッダの死とアーナンダの悟りは、私たちにも、「君の甘えはどうなんだい？」「君の孤独はどうなんだい？」「だって、君も大事な人たちと、必ずや別離するんだよ？」と問いかけ、迫ってくるようにも思われます。

そうです、アーナンダが最愛の死に対してすら究極的には頼っても報われなかったのと同様、私たちもまた、あの人やこの人やその人に対して、究極的には頼れず、突き詰めれば独りぼっち、なのですから。

いろんな方面での依存と甘えに縛られがちな私たちも、ハッと思い起こしてみることにいたしましょう。ああ、この宇宙に、煎じ詰めるなら己、独りぼっち。死と別離を思い、孤立せよ、と。

32　死は圧倒的な孤独、どんな強い絆にも頼れない

六道輪廻の間には
ともなふ人もなかりけり
独《ひとり》　生まれて独《ひとり》死す
生死《しょうじ》の道こそかなしけれ

『百利口語《ひゃくりくご》』一遍上人《いっぺんしょうにん》

昨今、孤独死というような言葉を耳にすることがよくあります。それに付属するようにして、無縁社会だとか。そうして孤立することへの恐れを煽《あお》られつつ、〝絆《きずな》〟ということが、憧れとともにやたらとクローズアップされていますね。

なかんずく二〇一一年三月十一日の震災後、生命の危機に曝されて〝失う恐怖〟を味わって以来というもの、頼れる人が身近にいて欲しいという願望が、私たちの多くを支配したように見えました。

「孤独に、無縁に、誰にも看取《みと》られないで死んでゆくだって？　そんなの、さみしすぎるじゃないか」とでも言わんばかりに、他者との絆が、大人気商品となったのです。

けれども、ここで考え直してみたく思いますのは、「そもそも孤独でない死などあるのだろうか？」ということ。

ちょっとした、思考実験をしてみましょう。自分自身が、生命体としての必然として、やがて致命的に病み、死を迎えるときがくることを、なるべくリアルに想像してみる。目を瞑《つぶ》って、さっきまで考えていた思考はストップして。「ああ、自分は（たとえば癌が全身に転移して）もう助からない。あと数秒で死ぬ。意識ももうすぐ途絶える」などと。

ひょっとすると、その場に自分のパートナーや、子や孫がつめかけてくれている、かもしれない。なるほど、彼らが身近で看取ってくれているのは、有り難いかもしれない。「これだけ想ってもらえる関係を築いてきた自分の人生は、それなりに良かったのである！」と、自己満足に浸ることも、できるかもしれない。

けれども、数秒後に意識が途絶えるならば、もはや彼らには二度と会えやしないばかりか、「自分には家族がいた」という記憶すら同時に消し飛んでしまう。「彼らが自分の病を嘆いてくれていた」という記憶も消し飛ぶ。ましてや、家族が自分の死後に嘆いて葬式をあげてくれている、なんていう事態は、まったく認識することすらできやしないのです。

その事実を突きつけられたなら、死ぬということが、すべてを喪失してまったくの無一物になることだと認めざるを得ないでしょう。残された家族の記憶の中に、死者のことは保存されはいたしますけれども、死者はそのことすらも含めてすべてを忘却し失うのです。

それはつまり、どんなに〝絆〟とやらがあっても、死という刃《やいば》は私たちを圧倒的な孤立へと追いやるものだということです。そのことを踏まえて冒頭の、一遍上人の言葉に目をやって頂けますなら、何か改めて心の琴線に触れるものがあるのではないでしょうか。

「六道輪廻の間にはともなふ人もなかりけり　独生まれて独死す」と。「いや、ともなう人はいるよ」とツッコミを入れることができないのは、前述の通り、死には誰も連れてゆけないことからおわかり頂けることでしょう。誰も連れてゆけない。彼らと一緒にいたという記憶すら連れてゆけない。

そのさみしい事実の強度に耐えられない人は、ひょっとすると心中をはかって同時に死ねばさみしくない、なんて思うこともあるかもしれません。が、同時に死んだとしても、自分の意識は、自分なりに途絶え、自分の世界が終わり、相手は相手なりに意識が途絶え、相手の世界が終わるだけのこと。一緒に死ぬということは、原理的に不可能なのです。

心中ですらそうであってみますと、どれだけ〝絆〟というバンソーコーで死者の恐怖に防波堤を築いたところで、それらは究極的にはたいして役に立たないことが知られます。ですから「ああ、自分には絆がない!!　なんとか絆を作らなくちゃ!!」と、メディアに洗脳されそうになったならば、一遍の言葉を思い出して、孤独という生命の原風景を受け入れてみることです。絆がなくても孤独、そして、絆があっても孤独。そこに変わりはないんだ、と。

33　なぜ仏教は安楽死も自殺も殺生も認めないのか

他の命を奪ってはならない。
自殺してはならない。
死を讃美し、
人に死を勧めてはならない。

『律蔵』

認知症の話題を第二章で取り挙げましたが、ちょうどその執筆をした直後のころに、おそば屋さんで食していましたら、隣の席に座っている三人の男性たちから、こんな会話が聞こえてきました。

「安楽死に、僕個人は賛成なんだけど、現行の法律だと、医師が安楽死させると殺人幇助罪《ほうじょ》に問われるからなあ」「まったくだよ、法律を変えてくれないとねぇ」

どうやら三人とも医師ないしは医療関係者らしく、安楽死を認めない法律について、グチを仰っているようでありました。

「だって、自分では何もできなくなって、自分が誰だかもわからなくなってるのに無理に生かされるなんて、僕だったら『死なせて』って思うよな」

およそ、こんなニュアンスのセリフも聞いたものです。

このように、自分でも意識的に生きられなくなるくらいなら、安楽死したい、という発想をお持ちのかたは、けっこう多いのではないでしょうか。その発想を裏打ちしているのは、意識が健全に働いていてこそ生きている価値があるのであって、認知症になったり意識不明になったりしたなら、生きる価値がないという考えだと思われます。

「生きていることそのものが尊いのです」というキレイゴトはよく耳にいたしますけれども、誰しも本音のところでは、ボケたくもないし植物状態にもなりたくもないのであれば、実は「ボケたなら生きる価値がない」という価値観を隠し持っているのではないでしょうか。

そして、仏教はあらゆる生命の間に価値の差を認めないものですから、「ボケたら生きる価値がない」には真っ向から反対であるように思えるかもしれませんが、意外とそうでもないような気もするところです。

と申しますのは、仏道においては明晰な意識によって、自分自身の内面を見つめる《念》《きづき》が決定的に大切でありまして、あらゆる動物のなかで唯一、人間のみがこの能力を持っています。たとえば、鰯《いわし》が群れを成して大群で泳ぐのは、彼らの影が重なりあってまるで巨大な鯨《くじら》のような存在であるかのように見え、天敵の鳥たちから身を守るために役立っているらしいです……、が、彼ら一匹一匹は決して、自分たちが何故そのように泳ぐのかを知りませんし、自覚することはないのです。

つまり、あらゆる生き物がもちろん色々なことを感じ、動きますけれども、人間以外の生き物は「自分はこう感じている」「こう動いている」「このような動機で動いている」というように、自らを客観化する《念》を持つことがありません。

重度の認知症になったり意識不明になったりすることは、この能力を決定的に失うことでありますから、その意味では鰯や蟻《あり》と似た存在になるということだとも申せそうです。ボケても、もちろん歩きますし、話しますし、喜怒哀楽もあるでしょう。けれども、「このように自分は歩いているな」と見つめることも、「こんな話し方をしているなあ」と自覚することも、「こんなふうに喜んでいる／怒っている」と内面を観察することも、もはや叶わないのです。

さて、仏教では生命の間に差を認めないのと同時に、人間の《自覚《きづき》》の能力には特別の価値を与えている。ということは、ボケたり意識不明になった場合、その特別の価値はなくなることになるでしょう。そうだとしても、鰯や蟻を決して殺生してはならないと戒めるのと同程度には、意識不明の人間を生きている間に殺してはならないし自ら命を断ってもならない、ということになりそうです。

つまり、不殺生の戒めは、「生には価値がある、ない」などということとは無関係なものなのです。「価値があるから殺さない」というのは「価値がなくなれば殺して良い」というのと同じですから。

そうではなく、あらゆる生き物は共通して「死にたくない」という生存欲求を持っているので、他の生命に死の恐怖を与えることは、強力な負の印象を殺す側の心に植えつけてそれが業《カルマ》となり、やがて来世のいつかに自分が、殺される弱い立場の生き物に生まれ変わる因縁となる……それゆえ殺生は戒める、というのが仏教の発想です。

その発想は、他の生き物を殺すことに限らず、自殺の場合も同様で、「死にたい」というネガティブな心情が刻みこまれるため、戒められます。そう考えてみますと、「認知症になったときは死にたい」とか「全身不随にでもなったときは安楽死させて欲しい」という発想も、それらの状況を「嫌だ！」と拒絶するネガティブなパワーを孕《はら》んでいる以上、自殺と大差ないと申せてしまいそうです。

う、うーん。そう記しながら困ってしまうのは、筆者自身、不随になって生きているくらいなら殺して欲しい、という考えを持っている節が、なくもないからです。

けれども、もう一歩踏みこんでみるなら、そんな心配をする必要はなさそうだということにも、気づきます。なにぶんにも、もしもボケたり意識不明になったなら「こんな状態は嫌だから死にたい」という自己否定をする思考すら、もはやできないのですから。

つまり、ボケた状態を嫌がっているのは、あくまでも「ボケる前の自分」という、異なる人間である。それはあたかも、プロレスのことを嫌がっている人が、タイムマシンで未来へ行ったところ、なぜか未来の自分がプロレス好きになっているのを知ったら、「プロレスなんか止めとけ」と文句を言いたくなるであろうということにも、似ています。そんなこと言われても、言われた側としてはプロレスに何の問題も感じていないのですから、いい迷惑ですよね。

仮に、「意識不明になったら死なせてくれ」と健常時に言い残していたとしても、いざ意識不明になったときはもう、「死なせてくれ」という思考は働いていないわけですから、以前の思考に基づいて死なせても良い、とは、言えないでしょう。

以上のように考えてみるなら、いざボケたらボケたで、いざ意識不明になったらなったで、今とは感じ方そのものが変わるので、それらも含めておおらかに受け容れておくのが、仏教的姿勢と申すことができそうです。

いやはや、この考察をしながら書き進めているうちに、私自身、「意識不明になったら死なせて欲しい」と思っていたのが消えてしまいましたから、興味深い執筆体験でありました。

34 「終活」は執着、葬儀は遺された人に委ねるのがよい

過去に生きた人々も、
これから生まれてくる人々も、
すべての者は死ぬとき、
身体を捨てて去ってゆく。
智者は、すべてを手放すことを知り、
諸行無常の真理の中に
心安らかにしているように。

『感興偈《ウダーナヴァルガ》』

今回は、死んだあとの、肉体（つまり死体）の取り扱いについて考察してみましょう。

仏教元来の考え方からしますと、右に掲げたブッダの言葉にみられるように、「死ぬとき、身体を捨てて去ってゆく」のでありますから、遺体ならびに焼いた後の骨は、単なる物体であると見なされます。

ちょっと前から続けて記しておりますように、仏教の死生観では輪廻転生が基本にあるのであって、死んだら次の生へと生まれ変わるのであって、残された身体はもはや、特別な意味を持たないのです。

そういうわけで、古い時代のインドにおいては仏教徒の遺体は野ざらしにしておいて、だんだん腐ってゆくのを日々観察しにいき、「ああ、たしかに人間はこうして死に、朽ちてゆくものなのだなあ。私もやがてはこうなるんだなあ」という観想をするようにしていた、と言われます。現在の日本のように、立派な墓石を建てたり、骨壺に入れていつまでも保存しようとしたりするなどということは、決してなかったのです。

仏教の根本的な姿勢とは諸行無常の移ろいに逆らわず、身を委ねてゆくこと。そうであるとするなら、いつまでも劣化しなさそうな（とはいえ、いつかはもちろん劣化して消滅するのですが）墓石と骨壺によって遺骨を保存しようとするなんて、無常の理法に逆らおうとするような姿勢であり、反仏教的であるかのようにすら、思えてきもするものです。

骨や墓石といったものに、何らかの呪術的ないし宗教的意味合いを持たせるのが、もはやあまり説得力を持たなくなってきたのでありましょうから、現代人は葬儀を簡素化したり、墓石は用いずに樹木葬にしたり散骨したり、というオルタナティヴを選択する人が、増えてきたのでしょう。その背景には「科学」こそが現代人にとっての「宗教」となり、少なくとも表面上は、呪術的信仰を駆逐したことがあります。

こうした変化について、私も連載を持っていた『月刊住職』という僧侶向け雑誌の記事では、仏教界を脅かす、良からぬ動向としておおむね報じられています。が、本当にそれが仏教界にダメージをもたらすのかと申せば、どうでしょうか。むしろこれまでが非仏教的な遺骨崇拝やらを儒教から取り入れておかしくなっていたことを考え合わせますと、こうした激動期をよい機会として、仏教界が再び純化されてゆく再編が生じる好機ともまた、申せそうです。

仏教界のことはさておき閑話休題。こうした時代に生きる同時代人としてかどうかはわかりませんが、私もまた子供のころから、自分が死んだら葬式などはしなくて良いから、遺骨を灰にして山や海にでも撒《ま》いて欲しい、と思っておりました。

昨今では、「終活」などという言葉が取り沙汰《ざた》されることも多く、自分の死後の葬儀のやり方や埋葬方法についてまで、こと細かに指定したがる人も、多くなってきているようですね。

うーん、従来の私の考え方からいたしますと、こうした「自己決定」による新しい流れを肯定できそうにも思われるところ……、なのですが、なんだかこの「終活」なるものには、違和感が拭いきれないのを感じていた次第です。

そのわけを考察してみると思い当たるのは、死んだ後はもはや「自分のもの」でも何でもなくなった物体に対して、「これは自分のなのだから、自分の望むように取り扱って欲しい!!」と執着する頑固さが、そこに見出せるということでありました。

前項で認知症について論じた際に、「『意識不明になったら死なせて欲しい』と、意識のあるときに思っている自分がいても、実際に意識不明になった後には『植物状態になったら死にたい』という思考そのものがなくなるのであるからして、意味がないのでは」といったニュアンスのことを記しました。

それにも似て、「死んだ後の遺骨は自然に帰して欲しい」と考えてみたり、「葬儀をするならこんなふうにして欲しい」とか「葬儀はしないで欲しい」とか考えていたとしても、死んだらそのように考え希望する意識そのものがもはや断絶しているのですから、それが墓石にいれられようが火葬されようが土葬されようが散骨されようが、そのことを自分が知るよしもないのです。

こうして考察してみますと「葬送のしかたを○○にして欲しい」という発想そのものが、自分の意識があたかも死後もまだここに連続して残っていてこの身体を所有できているかのように錯覚するところに、由来しているというのがわかってまいります。

ここで冒頭の言葉へと立ち返ってみますなら、それは「死ぬとき、身体を捨てて去ってゆく」という厳粛なる事実を無意識裡に忘却しているということになりましょう。

つまり、死後の身体にしがみつき、執着しているのです。

こうした考察をするうちに私は、仮に意識不明になったら「死なせて欲しい」と事前に伝えておくことが意味のない執着であると思い至ったのと同様に、自分が死んだ後のことにまでいまのうちから口を挟もうとするのもまた、意味のない執着なのだろうな、と思い至ったのでありました。

そうした執着の中でも「遺族に金銭的な負担をかけたくないから」という思いは唯一、利他的なものでもあり価値があると申せそうではあります。ただし、それですら実際は、遺族によっては精一杯豪華な葬送をすることによって故人への自分の思いを昇華したいかただっておられますし、従来の格式通りにちゃんとやっておかないと、しきたりにうるさい親戚の人々から散々に批判されるということも実際には起きているようですから、自分の葬儀ではなく、遺された人々のための葬儀なのだと、手放すのが賢明だと思われます。

つまるところ、「絶対にこれこれの墓にしてくれ」と執着することも反仏教的である一方では、「絶対に墓に入れないで散骨してくれ」「絶対に葬式しないでくれ」と執着するのもまた、反仏教的な態度なのだと申せましょう。

「自分の葬儀」「自分が決める」と、「自分の」「自分が」は手放してしまって、遺族の人たちのやりたいように、供養してもらえば良いのです。もしくは、遺族が供養したくないのなら、それに任せれば良いのです。どうせ、そこには自分はもういないのですから、ね。

こんな風情に、自分の死と死後の身体こそを手放して執着しないことが、ある側面からは死へのこだわりを乗り越えることだとも表現できましょう。

いやはや、ですから私もまた、死して後は山や海に撒いて欲しいなどと我がままを言うのはやめにして、遺された人々の自由に任せることにいたしましょうとも。

35 「偲んでもらえれば、名を残せればさみしくない」という錯覚

夢の中で一緒にいた人は、
朝に目が覚めると
消えてもう見ることができない。
そのように、かつて愛した人でも
死んでしまったなら、もう見ることがない。
生きている間は姿が見られもし
声が聞かれもしたその人も
死後は名前がむなしく残るのみ。

『経集《スッタニパータ》』より「老経」

そう、今回掲げたブッダの言葉にある通り、私たちは死んだならもはやこの世で親しかった人たちの目に触れることは二度となく、私たちの声を聞いてもらえることも二度となく、ただ「名前」が人々の記憶に残るだけ、なのですよね。

ここでのブッダの説法は、死してより後は名前しか残らずすべてを失うのだから、生きているときに所有物を増やしたり愛する者を持ったりと執着するのは無意味という内容なのですが、おそらく世間的にはむしろ、反対に作用するのではないでしょうか。

と、申しますのは、まさに名しか残らないからこそ、せめてその名が人々に忘れられぬように、世間的な成功を望んだり、自分のことを尊敬してくれる人々を増やしたがったりと、執着している側面もありそうですから。

実感がわかないでしょうか。ならば、死後、自分が誰からも思い出されることも偲《しの》ばれることもなく、すぐに忘れ去られてしまうとしたらどうかと、想像してみてください。おそらく、多くの人が何となくさみしいような、悲しい気分になるのではないでしょうか。

つまり私たちは、死後も周囲の人々の記憶に残っていたいのです。なおかつ、できれば自分が死んだことを残念だと思ってもらい、悲しんでもらいたいとも、思っていることが多そうですね。

なぜなら自分が死んでも、誰ひとりとして悲しんでくれないとしたら、やはりさみしい思いがするのではないでしょうか、いかがでしょう。

こうした発想はおそらく、飽くなき生存欲求＝渇愛が原因になっています。つまり、よく識者により指摘されるように、「死んだ後も他者の記憶に残っていて思い出してもらえる」ということをもって、あたかも他者の心の中で自分が生き続けられるかのような錯覚があるのです。だからこそ、私たちの盲目的な生存欲求は、死後も憶《おぼ》えていてもらい、なおかつ偲んでもらうことでバーチャルに生きのびたいという欲求を持つのでしょう。

そしてこの「偲んでもらいたい」欲こそ、まさに他者の心の中に、「名を残す」欲にほかなりません。

ただし、そうやって偲んでもらえたとしても、死んだ後はどの道、「自分が偲んでもらえている」などと意識はできないはずですから、本当は意味がなさそうなのですが。

ですから、「名を残したい」とか「偲んでもらいたい」という発想には、認識論上の混乱がありそうです。死後の自分が「他者が自分のことを憶えてくれているかどうか」を認識できるかのような、ファンタジー的な考えを前提としているのですから。

実際は、死後は彼らが憶えてくれるかどうかなんて、認識できない。そう考えてみると、やはりブッダの言葉の通り、「死後に名しか残らない」という事実が、いかに虚しいものかがわかってきそうですね。

そのことにさみしさや空虚感を感じる人は多そうだと、想像されます。それは、私たちが生きている間、ずっと他者から見られていたがったり、聞かれていたがったりするさみしがり屋であることも、関係しているのです。

見られたり聞かれたり、つまり他者から何らかの注目を受けていたい。それゆえ、もはや誰も自分のことを見てくれなくなり、聞いてくれなくなるというのは、怖いことだと感じられるのでしょう。

古代社会では、本格的に長持ちするお墓をつくったり、死後に自分の大規模な葬儀をさせるように遺言したりしたのは、王侯貴族などのよほどの権力者でした。葬儀によって多くの人々に自分のことを偲ばせる。それにより、「みんなに偲んでもらえるなら、さみしくない」と、錯覚していたのでしょう。

……あいにく、死後にどれだけ立派な葬儀をしてもらっても、本人はもはや認識できない（だからやっぱりさみしい）にもかかわらず。

以前、伝統寺院の住職を務めていた一時期がありまして、そのころに葬儀を執り行っていて感じたのは、参列者のかたがたが多数集まってくれ、真剣に悲しんだり祈ったりしているのを見ると、たしかに「ああ、この故人が多くの人に愛されるような、良い人生を送ってきたのだろうなぁ」と思ったものではあります。

けれどもそれはあくまでも生きて葬儀に参列する者としての感想であって、当の弔われている本人が、その光景を目にして感動することはできないのです。

ですから、死後も人から慕ってもらえるのは立派なことではありますが、それを望むのは意味のないことなのです。

死んだらもはや意識できない以上、それはもはや「ない」も同然なのですから。

このように、厳密には「名が残る」というよりは「名すら、ないも同然」と申せるのではないでしょうか。死とは、それほどまでに私たちから、すべてを根こそぎ奪い去るものなのです。

「死後も人々の心の中で生きる」というバーチャル延命の幻想によって、「死」の圧倒的脅威をごまかすという戦略。その戦略のインチキさを見破れば、死の脅威（＝強烈なさみしさ）が露出します。

そうして死の持つ本来の脅威に向かい合ってこそ、死の問題を本気で乗り越えようとする、仏道の方法論が活きてこようというものなのです。

36　私は必ず死ぬと体感できれば、あらゆる怒りが消える

「この私は、
たしかに滅びゆく存在であり、
必ず死するものだ」と
体感しているなら、
あらゆる怒りは消え去り、
誰とも論争することもなくなる。

『法句経《ダンマパダ》』

「自分が滅びゆく存在であり、必ず死する存在だと体感しているなら、あらゆる怒りは消え去る」。一見するとシンプルな言葉すぎて「なるほどねー」程度に、読み飛ばしてしまう人も多いのではないでしょうか。

最後に、極めてシンプルな言葉にじっくり立ち止まりつつ、「死」の効用を考察してみることにいたしましょう。

「私は、死する存在である」。ふむ、おそらく誰もが、「そんなこと、わかってるよ」と思われているに、違いありません。

ええ、知識のうえではわかっていることでしょう。けれども、智慧のレベルで体感できているかというと、誰もがおぼつかないものなのです。知識レベルと区別をしてみたくて、あえて「体感」などと自由に訳させて頂いた次第です。

体感レベルではむしろ、ほとんど誰もが実は「自分は永遠に死なない」という妄想を抱いているのです。

「そんなバカなッ。永遠に死なないなんて、私がそんな非科学的なことを思っているはずが、ないじゃないか」。そう、反発を覚えられますでしょうか。

いえ、少し待ってください。それでは、こんな事例を挙げて、嚙み砕いて説明してみましょう。

私は最近、新しい葬儀についてのムック本中、ひとつのコーナーで、インタビューを受けました。その場で私は、自分の骨は墓に入れるべきだとか、散骨すべきとか、樹木葬にすべきとか、こだわるのは執着と心配事を増やし、揉《も》め事を増やすだけ。散骨や樹木葬は別に「新しい」わけでもなく、骨への執着の別バージョンにすぎない。そう述べました。

なぜ「散骨じゃなきゃイヤ」とこだわるのか？　それは先述の通り、死後も死体や骨を「私」が所有していると思いこみ、言い換えると自分の意識が骨の中で生き残っているかのように錯覚しているがゆえに、「暗い墓石の中にいるより、自然に帰ってゆけたほうが清々しかろう」と妄想しているからなのです。

そのインタビューの中でふと、あるかたからの相談事を思い出しました。「主人の家族の墓には入りたくない。嫌いな義父母と一緒に入るのは嫌だから」という相談を受けたことを思い出し、お話ししました。骨の中に自分が生き続けるかのように錯覚しているからこそ、同じ墓の中で他の人たちと一緒にいたくないと思ってしまうのです。

その女性の場合に興味深かったのは、彼女のお母様も遺言で「誰々と同じ墓に入れないで」と言い残されましたのに、彼女は「死んだ後に骨が一緒になってもたいしたことないでしょ」と考えて、結局お母様の骨を同じ墓に入れたのだそうです。

ふむぅ、他人事であれば「ただの骨」と思ってそのようなドライな処理をしてしまう当の本人が、まさにご自分のこととなると「自分の墓は嫁ぎ先と違うところにしたい」と、ウェットな感情にとらわれる。

それがまさに象徴しているように思われます。「自分は死なずに永続する」と知らず知らずに錯覚していることを。

そう、「他人が死ぬこと」「人が死ぬこと」「人が死んで意識が断絶すること」「人が死んだらただの骨になること」……、それは誰もがわかったつもりになっています。が、ほかならぬこの自分ということになると、あたかも意識が骨の中にいつまでも継続して生き続けるような、魔術的世界観を持っているのです。

だからこそ、――繰り返しになりますけれど――死後も自分の意識が骨の中にあるかのような妄想を前提にして、「誰々と同じ墓に入ったら骨＝私が気分が悪かろう」

だとか「樹木葬にしてもらったら、骨＝私は自然に還れて心地よかろう」といった考えが出てくるのです。

そんな話をしている中で、腑に落ちなさそうな表情をしていたインタビュアーのかたが「でも暗いジメジメした墓に入るのって、何となくイヤですよねぇ」と、仰ったのでした。そこですかさず「墓に入るのは、あなたなのですか？ 骨という物体なのですか？」といった具合にたたみかけましたら、ハッと気づかれた模様でした。

そう、死んだからには、もう墓に入る私なるものは、ここには存在しないのです。

金輪際、今回の人生は終わり、きっぱりと退場しなければならない。完璧な、断絶。

つまり、「人は、死んですべてを失う」ではなく、「この私が、死んですべてを失う」のです。

この私が、死ぬ。

いなくなる。

それを忘れているので、つまらないものを大事だと思いこんで追い求めもし、つまらない違いにこだわって言い争ったりもするのです。

そうか、どの道、私はそのうち、すっぱりきっぱり退場して、いなくなるのだ。だったら、これも、あれも、けっこう、どうでもいいじゃないか。

明日も、明後日も、半年後も、一年後も、十年後も、その後もずーっとこの意識が永続するかのように錯覚しているからこそ、争いたくもなるのです。つまり、生存欲求の延長線上で永遠に生きるかのような気にさせられているからこそ、です。

この私が死に、いなくなることを、体感するまでイメージする。いなくなるのなら、墓もどうでもいいし、他人の失礼さもどうでもいいし、意見の違いもどうでもよくなるのです。己が去りゆくものであることを知れば、平和。

かくして、死が、心の平安を、くれるのです。そうした平和な心持ちで、人生の幕を閉じたいものではありませんか。

おわりに

本書は「一個人」という月刊誌に二〇一一年十一月号から二〇一五年二月号まで連載してきた原稿を、一冊にまとめることにより成立いたしました（原題は「生老病《死》の心理学」）。

もともと連載がたまったら書籍化する予定で執筆していたことに加えて、連載時にすでに一回一回、原稿のチェックを済ませてあった次第ですから、本にするにあたって大きな加筆修正をすることはせず、おおよそは連載時のまま、収録しております。

本書の「はじめに」において、私はいついかなるときも、「いま、死んでも大丈夫！」という充足感を保っていられるよう努めているといったニュアンスのことを記しました。

思い起こしてみますと、奇《く》しくもこうした姿勢は仏道実践を始めて急に現れてきたものでもなく、高校生くらいのときから、その萌芽《ほうが》があったようです。よく覚えているのは、大学に入りたてのころ、学生寮で朝目を覚ますたびに、自分に問いかけをしていたことです。「いざというとき、死ねる覚悟があるか？　この世の中の気持ちよさにほだされて、死にたくないなんて弱腰なことを言いだすんじゃないだろうね？死ねる覚悟は、決して失っちゃ、いけないよ」と。

いいえ、とはいえ本文にもちらっと記したように、このころの死ぬ覚悟とは、文学的な自殺願望によるものでありまして、表面上は仏道とは相容れないものだったのですけれども。毎朝毎朝、この世に染まらずに、いざとなったら自殺して去る自由を決して失うまいとして、自殺するのが怖くなったり嫌になったりしていないかと、己に問うていた。

いまから振り返ってみますと、それはいささか自己陶酔した青年時代の滑稽にも見えるのですが、一方では、ああして毎日毎日、「死にたくない、という思いにとらわれないように」と、己につきつめていただけに、仏道実践を続けるうちに、あのときの青臭い死への願望に化学変化が生じ、別の形へと成熟してくれたのだろう、と思われることです。あのころの「死にたい！」という執着が、いまや「死んでもいいように」へと、変様したのでしょう。

三年以上にわたり続いた当連載は、担当編集の山内菜穂子さんによるサポートに、ずいぶんと助けられました。毎月の原稿を執筆して送るたびに、毎回毎回、誠実な感想文を返してくださったのが、印象的でありました。

内容がよくわからないときは、「よくわかりませんでした」と素直に書かれていて、ニッコリいたしましたよ。

長らくにわたりサポートしてくださり、そして今回、本にまとめるにあたってもご尽力くださったことに深々と御礼申し上げたく思います。

平成二十七年七月

小池龍之介

文庫版あとがきにかえて

この本を文庫化するにあたって、数年ぶりに読み返してみました。ところどころ、「これは」と感じる部分にいくらかの加筆修正を施してみましたが、もし数年後に読み返すなら、また「これは」と書き直したくなるでしょうねぇ。

文庫版あとがきにかえまして、本書本文を補足する文章を記してみたいと思います。

本文の中（第6、12、19、27節など）で、「何者としても生まれない」とか、もっと端的に第27節では「不生《ありのまま》」という話をいたしましたね。その中には、老・病・死の問題を根本的に解決する、確かな鍵があります。

楽しみや苦しみが生じたとき、そうした現象に執着して「この楽しみの中に私がある」「この苦しみの中に私がある」と感じるがゆえにこそ、そこに「私」という幻覚が生まれるのです。

そして、楽しみも苦しみも、脳内のそのとき限りの電気的刺激にすぎない以上、持続はせずにすぐに別の電気的刺激へと変化し、流動してゆかざるを得ません。そうである以上、その楽しみや苦しみの中に「私」を生んだからには、楽しみや苦しみが薄れてゆくにつれて「私」は老い、病み、やがて死ぬことになるでしょう。

そのような、儚く、心を裏切り、老・病・死へと連れてゆかれるだけの、楽しみや苦しみに執着するのは、はっきり言って、まったく割りに合わないのです。この世では、皆、割りに合わないことに、夢中になっているのです。

本当に、まったくもって割りに合わない！……と思い知ったなら、この心という魔術師が次々に見せてくる、楽しみや苦しみに対して、執着がなくなり興味がなくなってまいります。それらが、色褪せてくるのです。

かくして、楽しみも苦しみも、喜怒哀楽からも、心が執着を失ってしまうなら、心が「この世」に引っかかるポイントが、なくなります。そのとき、「この世」の中で何が見えても聞こえても香っても触れても、喜怒哀楽が生じても、それらすべて「この身体」や「この脳」の中で起きていることは、どれも余所事だったと、わかるのです。

何者としても生まれないままに、この身体にも脳にも「私」を見出さず、ただの身体現象、ただの脳機能として、見えているだけです。たとえこの身体に何が起ころうと、あるいはたとえこの脳の中のどこかが喜ぼうと怒ろうと悲しもうと、それらは「無関係な何か」にすぎず、そこに「私」はいません。私は、どこにも生まれません。

　生まれないからには、その真空状態のようなエネルギー状態たる「ここ」の中に心が置かれているなら、老い、病み、死ぬという、そのような変化と不安定さから解放されているのです。「ここ」は、本書に記したような、禅定の超集中状態による一時的な安楽感とは異なります。禅定の安らかさや快楽は、条件が揃えば生じます。生じたからには、条件が尽きれば滅します。つまり、やがて死にます。「ここ」は、生じないのです。生じないので、消えたり滅したりはせず、いつでも再発見できます。「ここ」はいつでも（見失わない限り）この心とともに働いていて、平安と幸福に満ちているのですが、本書のテーマにとって最重要なことは、次のことの中にあります。

　この、私の場合なら「小池さん」の身体も脳機能も余所事だと分かっているときの平安さの中では、小池さんの身体が生まれようと死のうと、小池さんの脳が喜怒哀楽を生じさせようと、もしくは最終的に脳が壊死《えし》しようと、それらも余所事であり、ここでは起きていない、と確信できるのです。つまり、生まれることも、老いることも、病むことも、死ぬことも、本当は、ここでは絶対に起きないのです。「ここでは」と、便宜上は記しておりますものの、本当は、「ここ」という観念すら「小池さん」の頭の中にあるだけで「ここ」では生じておらず、「ここ」には及ばず届かず、何一つとして生じず、滅びず、死なないのです。

その観点からは実は、究極的には「私が生まれた」とか「死ぬ」ということは、「ここ」から観るなら、虚構でしかないと体感されます。かくして「ここ」では、絶対に死なないし、そもそも生まれてもいないのです。生まれた者は、死にます。「ここ」では、絶対に何も生まれないので、絶対に何も、老いも死ぬこともないのです。

それゆえ、「ここ」の、生まれないし死なない安堵感の中に安住しながら身体や脳の出来事を眺めているなら、この身体や脳（という余所事）が老いることも病むことも、死ぬことも、怖くなくなるのです。いま、死んでも、ＯＫ！　なのです。輪廻と、生老病死の問題は「ここ」において、終止符が打たれるのだと申して、この補足を終えることにいたしましょう。

平成二十九年七月

小池龍之介

この作品は二〇一五年八月ＫＫベストセラーズより刊行されたものです。

いま、死《し》んでもいいように

執着《しゅうちゃく》を手放《てばな》す36の智慧《ちえ》

小《こ》池《いけ》龍《りゅう》之《の》介《すけ》

平成29年8月5日　初版発行

発行人――石原正康
編集人――袖山満一子
発行所――株式会社幻冬舎
〒151-0051東京都渋谷区千駄ヶ谷4-9-7
電話　03(5411)6222(営業)
03(5411)6211(編集)
振替00120-8-767643
印刷・製本―図書印刷株式会社
装丁者――高橋雅之

幻冬舎文庫

ISBN978-4-344-42637-5　C0195　こ-32-4

幻冬舎ホームページアドレス　http://www.gentosha.co.jp/
この本に関するご意見・ご感想をメールでお寄せいただく場合は、
comment@gentosha.co.jpまで。